Вепсские сказки

벱시인 이야기

<지식을만드는지식 소설선집>은

인류의 유산으로 남을 만한 작품만을 선정합니다.

오랜 시간 그 작품을 연구한 전문가가

정확한 번역, 전문적인 해설, 풍부한 작가 소개, 친절한 주석을 제공하는

고급 소설 선집입니다.

지식을만드는지식 소설선집

시베리아 설화집

Вепсские сказки

벱시인 이야기

작자 미상

박미령 옮김

대한민국, 서울, 지식을만드는지식, 2019

편집자 일러두기

- 이 책은 ≪Вепсские народные сказки≫(Н. Ф. Онегина и М. И. Зайцева. Сост., Петрозаводск: ≪Карелия≫, 1996)를 원전으로 옮긴이가 가려 뽑아 번역했습니다.
- 주석은 모두 옮긴이가 단 것입니다.
- 외래어 표기는 현행 한글어문규정의 외래어표기법을 따랐습니다.

차 례

벱시인 이야기

소녀와 염소

옛날 옛적에 서른 살 아내와 마흔 살 남편이 살았다. 집안 살림은 아내가 꾸려 나갔다. 밭을 갈고 씨를 뿌리고 써레질을 하고 소와 말을 길렀다. 남편은 선원이어서 여름에 바다로 나가 보통 물이 어는 가을에 집으로 돌아왔다. 둘은 오랫동안 서로서로에 대한 소식을 받지 못했다. 그때는 우편이 없었기 때문이다.

어느 날 보댜노이[1)]가 남편이 타고 다니는 배를 붙잡고 아무리 해도 놓아주지 않았다. 보댜노이가 말했다. "집에 있는 것 중 네가 알지 못하는 것을 줘." 그는 보댜노이에게 모든 것, 그러니까 소며, 말이며, 전 재산을 내놓겠다 제안했다. 보댜노이가 대답했다. "아니, 그건 필요 없어. 네가 알지 못하는 것이 필요해."

남편은 고심했다. "내가 모르는 게 뭐지? 나는 우리 집에 무엇이 있는지 다 아는데, 뭘 모른다는 거야?"

그러나 응해야 했다. "그럼 좋소, 풀어만 준다면 내가 모르는 것을 가지시오."

---

1) 슬라브인의 물의 정령.

그리고 집으로 돌아와 보니 아내가 임신해 있었다. 남편이 모르는 것이 바로 이것이었다.

그는 아내에게 말했다.

"여보," 그가 말했다. "사실은 내가 나쁜 짓을 하고 말았소. 보댜노이가 배를 멈춰 세웠고 나는 집에 있는 것 중 내가 알지 못하는 것을 그에게 주겠다고 약속했어. 당신이 임신했는지는 정말 몰랐다오."

곧 아내는 딸아이를 낳았다. 소녀는 매우 아름답게 성장했다. 그 아이가 한 살이 되고 두 살이 되었다. 소녀는 뛰기 시작했다. 그들은 이제 보댜노이가 아이를 데리러 올 것이라는 것을 알았다.

소녀가 걷고 말할 수 있게 된 후 어느 날 아침, 부모는 숲으로 달려가 잠든 아이를 버려두었다. 아이가 잠에서 깨어나 울고 또 울었지만 부모는 없었다.

염소가 그 소리를 듣고 물었다.

"왜 울고 있니?"

"엄마도 아빠도 없어." 그녀가 말했다.

"이봐, 너의 부모가 물의 정령에게 너를 주기로 약속했어. 오늘 그가 너를 데리러 올 거야."

"그럼 난 어떻게 해야 돼?" 소녀가 물었다.

"건초 한 더미를 광에서 가져와서 썰매에 실어. 그 전에 등불을 만들고 그 등불에 드레스를 입혀, 그리고 식탁에 초를 밝혀. 그다음 너는 그 건초 더미 속으로 숨어. 나는 밧줄을 잡고 너와 함께 어디든 갈게. 창문은 열어 둬."

이 불쌍한 소녀는 세 살이 되었을 것이다. 그녀는 나뭇조각이 담긴 등불을 잡고(그때는 가솔린이 없어서 나뭇조각이 든 등불이나 작은 빨래 통이 있었다.) 이 등불에 옷을 입히고 식탁에 초를 켜고 식탁을 차리고 창문을 열었다.

소녀는 건초 더미 속에 숨고 염소는 밧줄을 손에 들고 길을 따라 걸었다. 가다가 누군가가 웃으며 마주 걸어오는 소리를 들었다.

"오, 봐 봐, 수염 난 염소가 걸어가고 있네."

"가세요, 가세요," 염소가 말했다. "저기에 신부가 당신을 기다리고 있어요. 불을 지펴 놓고 창문을 활짝 열어 둔 채, 식탁을 차려 놓았어요."

그러나 그들은 염소를 건드리지 않았다. 염소는 계속 걸어갔다. 산 아래 어딘가에서는 달리고 산속 어딘가에서는 걸었다. 그들은 멀리 달아났다.

그들이 도착해서 보니 불이 밝혀져 있었다. 들어가 보니 촛대에서 쪼개지는 소리가 들렸고 나무로 된 촛대가 바닥에서 콜, 콜, 콜, 하고 굴러가고 있었다.

"제기랄, 그 염소야. 염소를 쫓아."

그들은 염소를 쫓기 시작했다. 걷고 또 걸어갔다. 염소는 어떤 마을로 들어와서 하룻밤을 청했는데 거기서 하루가 지났다. 그들은 흔적을 잃었고 찾을 수 없어서 떠났다.

아침에 염소는 일어나 다시 여주인, 소녀를 숨기고 계속 걸어가면서 말했다. "마주 오지만 않았으면."

그들은 걷고 걸었다. 그렇게 어떤 도시에 도착했다.

소녀는 시시각각 성장했다. 이제 충분히 성장해 청소하고 정돈할 수 있게 되었다. 염소는 아이를 데리고 있는 한 여성에게 청했다. 염소는 소녀가 아이를 씻기고 빨래를 할 수 있다고 말했다. "다만 염소는 나처럼 소중히 다뤄야 해요." 소녀가 말했다.

그들은 그렇게 함께 살기 시작했다. 주인 부부는 매우 좋은 사람들이었다. 소녀는 다 자랐다. 그런데 어딘가에 주인 부부의 조카가 살고 있었다. 조카에게는 또래의 아들이 있었다. 이 청년은 작은할아버지 집을 오가며 아가씨를 마음에 들어 했다. 그들은 성인이 되었다. 곧 이야기는 진행되고 시간은 더 천천히 지나갔다. 그들이 결혼해서 1년 후 아이가 태어났다.

한편 소녀의 부모가 2년 혹은 3년이 지나서 찾아와 보니 등불이 꺼져 있었고 아이도, 염소도 없었다. 사람들은 '아마도 염소도, 아이도 훔쳐 간 것 같다'고 말했다. 그들은 계속 살았고 늙어 갔다. 쉰 살, 예순 살이 되었다.

아가씨는 생각하며 말했다. "고향을 방문하면 부모님이 아직 살아 계실까." 남편은 말했다. "찾을 수 있으면 갑시다."

키예프까지 소문이 퍼졌다. 묻고 또 물어 그들은 마을로 왔다. 마을에 도착해서 하룻밤을 청했다. 딸은 이미 시집을 갔고 아이도 있었다.

그녀는 말했다.

"언젠가 사람들 사이에 부모가 자신의 아이를 물의 정령에게 내주기로 했다는 소문이 돌았어요."

그러자 부모는 서로를 보며 울고 또 울었다. 그리고 아버지가 말했다.

"우리 아이를 어떻게 아시나요? 제가 물의 정령에게 아이를 바치기로 약속했다는 것을 어떻게 아셨나요?"

그들은 그녀를 알아보지 못했지만 그녀는 이 사람들이 그녀의 부모라는 것을 알고 있었다. 그들 집 창문 아래 자작나무가 심어져 있었고 비록 그땐 어린 소녀였지만 그녀는 이 나무를 보고 자신의 집을 알아보았다. 자작나무는 이미 다 자라 거목이 되어 있었다.

그런 다음 그녀는 부모에게 모든 이야기를 들려주었다.

"제가 바로 그 아이예요. 염소가 저를 돌봐 주었어요. 깨어났을 때 염소가 저에게 하라는 대로 했고 염소는 저를 가까운 마을로 데리고 갔어요."

부모는 울며 그녀에게 용서를 구하고 키스를 했다. 그들은 자신의 아이를 부둥켜안고 울었고 그녀는 음식을 대접하고 부모와 함께 오늘까지 살고 있는 도시로 갔다.

곰과 마샤

옛날 옛적에 할머니와 할아버지가 살고 있었다. 그들에게는 손녀 마샤가 있었다. 그녀의 부모는 죽었다. 할머니와 할아버지는 손녀를 키웠다.

어느 날 마샤의 친구들이 말했다.

"할머니 할아버지, 마샤가 버섯을 따러 가게 해 주세요."

"그렇지만 길 잃지 말고 마샤를 내버려 두고 오지 않도록 해."

소녀들은 숲을 헤매고 다니면서 버섯을 캐고 '아우' 하고 소리 질렀다. '아우, 아우, 아우.' 그러나 마샤는 다른 친구들의 목소리가 들리지 않아 길을 잃었다. 집으로 가기 위해서는 해가 떠 있는 방향으로 가야 했는데 불쌍하게도 그녀는 그 방향으로 가지 않았다. 마샤는 울었다. 바구니는 버섯으로 가득했지만 그녀는 길을 잃었다.

그녀는 계속 걸었고 날이 어두워졌다. 작은 집을 보고 안으로 들어갔더니 곰 미샤가 살고 있었다.

"아, 마샤 왔니. 여기에 버섯을 놓고 내 이를 찾아 줘, 그리고 머리를 빗겨 줘."

마샤, 불쌍한 아이는 앉아서 울고 또 울었다. 그리고 미샤의 머리를 빗겨 주었다.

"노래해."

소녀는 노래했다.

"자장, 자장 미샤, 자장, 자장 미샤."

"그거 말고."

"그럼 어떻게 해?" 마샤가 물었다. 미샤를 어떻게 달래야 하는지 몰랐다. 그녀가 들은 아이들을 달래는 방법은 이것이었다. "자장, 자장, 자장."

"'자장, 자장, 미샤, 눈을 감아, 귀를 막아, 코를 막아'라고 달래는 거야."

불쌍한 아이는 울면서 노래했다.

"자장, 자장 미샤, 눈을 감아, 귀를 막아, 코를 막아."

미샤는 잠이 들었다. 이미 코까지 골았다. 마샤는 현관으로 나왔다. 현관에 앉아 울고 또 울었다. 말이 달려갔다.

"아가야, 왜 울고 있니?"

"할머니와 할아버지가 집에 계신데 나는 곰에게 잡혀 있어."

"나를 타고 갈기를 잡아."

곰 미샤가 잠에서 깨자 마샤는 없고 노래도 들리지 않았다.

말은 달리고 또 달렸지만 아이를 태우고 달리니 더 속도

가 나지 않았다.

"크릉, 크릉." 미샤는 따라잡아 말의 뒷다리에 상처를 입히고 마샤를 채 갔다. "왜 도망가는 거냐." 마샤는 계속 떨었다. "확실하게 나를 재워 줘."

마샤는 다시 울면서 노래를 불렀다.

"자장, 자장, 미샤, 눈을 감아, 귀를 막아, 코를 막아."

다시 미샤는 잠이 들었다. 그때 숲에 늙은 소가 걸어가고 있었다. 마샤는 다시 현관에 앉아서 울었다.

소가 지나갔다.

"아가야, 왜 울고 있니?"

"할아버지와 할머니가 집에 계신데 나는 곰에게 잡혀 있어."

"나를 타고 뿔을 꽉 잡아."

소에게는 젖통이 있었는데 달리고 달렸다.

곰 미샤가 잠이 깨서 보니 다시 마샤가 없었다. 다시 쫓아 달려갔다. 쫓아가서 소에게 상처를 입히고 젖통을 찢고 마샤를 데리고 갔다. 소가 마을로 피투성이가 되어 왔다. 이런, 사람들은 무슨 일이 일어났는지 몰랐다.

할아버지와 할머니는 소녀가 오지 않았기 때문에 이미 기다림을 포기했다. 다른 아이들은 와서 오래전에 마샤를 보지 못했다고 말했다. 마샤는 아마도 숲에서 길을 잃은 듯

했고 곰에게 잡혀 간 듯했다. 아마도 곰이 그녀를 먹었을 것이다.

그러나 곰은 말했다.

"나를 재워 줘."

다시 불쌍한 마샤는 곰을 흔들어 재웠다.

"자장, 자장, 미샤."

그녀는 머릿속으로 생각했다. '악마는 미샤를 잡아가지 않나. 그의 목에 칼을 꽂아야 해. 그렇지만 어떻게 하지? 머리를 쓸 필요가 있어.'

"자장, 자장 미샤, 눈을 감아, 귀를 막아, 코를 막아."

미샤는 잠이 들었다. 아침에 일어났다.

"미샤, 우리는 아무것도 없어."

"무엇이 있어야 하는데?"

"우리에게는 찻주전자도, 냄비도, 곡물도 없어."

미샤는 빨리 시장으로 갔고 거기에서 사람들에게 겁을 주었다. 그리고 필요한 것을 가지고 왔다. 찻잔, 식기, 곡물들. 이 모든 것은 마샤를 위해 가지고 왔고 자루에 담아 등에 지고 날랐다.

"자, 받아."

마샤는 집에서 할머니가 요리하는 것을 보았다. 불쌍한 마샤는 요리를 했다.

그들은 함께 살기 시작했다. 마샤는 집으로 같이 갈 사람이 아무도 없다는 것을 알았다. 아직 잡아먹히지 않은 게 다행이다. 봄이 왔다. 불쌍한 마샤는 곰 미샤의 집에서 겨울을 지냈다. 봄이 왔다. 그래, 그녀는 겨울이 시작되었을 때 또 한 번 말했다. “우리는 옷도 담요도 없어.” 미샤는 시장에 가서 담요, 베개, 매트리스를 훔쳐 왔다. 사람들은 겁에 질렸다. 곰이 시장에 나타났어.

생활은 계속되었다. 봄에 장작을 준비해야 했다. 햇살이 빵을 구웠다. 마샤는 빵을 먹으려고 앉았고 미샤는 말했다.

“나는 자고 싶어.” 미샤가 말했다.

“자고 싶다면 누워. 내가 이를 잡아 줄게.”

마샤는 이미 그를 두려워하지 않았고 잡아먹지 않을 거라는 것을 알았다.

그녀는 햇살 아래서 그의 머리를 빗겨 주었고 그가 그르렁거리는 것을 보았다. 마샤는 미샤를 칼로 찔렀다. 그는 단지 “으윽” 했다.

마샤는 “성공이야, 곰을 죽였어”라고 했다.

마샤는 말과 소를 타고 달렸던 오솔길을 따라 집으로 갔다.

그러나 할아버지와 할머니는 마샤가 왔다는 것을 믿지 않았다.

"너는 어디서 나타난 거니? 정말 거의 1년 동안 집에 오지 않았잖아."

"곰에게 잡혀 있었어요. 그렇지만 제가 곰을 죽였어요. 곰이 모은 재산을 가지러 가요."

그들은 마을에 있는 말을 타고 곰의 집에 있는 모든 재산을 가지고 왔다. 좁은 길을 정돈했다. 수레에 싣고 마차 두 대에 실어서 집으로 가지고 왔다. 마샤는 활기가 넘쳤다. 그들은 그렇게 살았다. 오늘날에도 거기서 살고 있다.

재투성이 아가씨

부부가 살았다. 그들에게는 딸 하나가 있었다. 어머니는 병이 들어 죽었다. 남편은 아직 젊어서 딸이 성장한 후 재혼했다. 그는 바바 야가[2]의 동생을 아내로 얻었다. 그녀에게도 바르베이라는 딸이 하나 있었다. 바로 그것이 문제였다. 처음에 계모는 의붓딸을 심하게 괴롭히지는 않았다. 하지만 곧 계모는 본색을 드러냈다. 의붓딸은 힘들고 더러운 일을 했다. 계모의 딸은 아무것도 하지 않았다. 불쌍한 소녀, 남자의 딸인 의붓딸은 이 바르베이의 발도 씻겼다. 소젖을 짜고 밀가루를 맷돌에 빻고 바닥을 닦았다. 빨래 등을 했다.

그렇게 그들은 도시에서 멀지 않은 곳에 살았다. 거기서 축제가 시작되었다(전에 우리의 축제는 3일간이었다). 계모는 딸과 함께 축제에 갈 준비를 했다.

그러나 소녀에게는 남아서 힘든 일을 하라고 했다. 딸과 함께 잘 차려입고 이반 왕자가 자신의 딸을 사랑해 주길 바

---

2) 바바 야가는 슬라브 민족의 설화에 등장하는 마귀할멈이다. 닭다리 위에 있는 오두막집에 살며 나쁜 역할도 하지만 주인공을 도와주는 역할도 한다.

랐다.

그들은 축제에 가려고 했고 말은 이미 준비되었다.

계모는 귀리 가루를 가지고 와 재와 섞었다. 그리고 말했다.

"애, 우리가 올 때까지 귀리 가루에서 재를 골라내. 우리는 이반 왕자의 축제에 갈 테니."

그녀의 친어머니는 유언을 남겼다. '네가 뭔가 필요한 일이 생기면 내 무덤으로 와서, 울어라. 그리고 나에게 모든 것을 말해 주렴. 그러면 내가 할 수 있는 만큼 도울 테니.'(이것은 전부 친어머니가 지시한 것이다.)

그녀는 불행했고 '어머니에게 가야겠어'라고 생각했다. 어머니의 무덤으로 와서 울고 또 울었다.

"딸아, 왜 울고 있니?"

"네, 아줌마가 나에게 자신들이 올 때까지 귀리 가루와 재를 가려 놓으라고 하고 축제에 갔어요."

"딸아, 울지 마. 칼을 들고, 밭 두렁길 위로 걸어가. 밭 두렁길 위에 1년 된 가지가 자라고 있을 거야. 칼로 그 가지를 잘라서 가지고 와. 가지를 들고 열십자로 때리면서 말해. '귀리 가루야, 광주리로 가라, 재야, 아궁이로 가라.' 그렇게 세 번 해. 모든 것이 스스로 분리될 거야. 그리고 너는 곧장 옷을 갈아입어. 엄마가 말과 화려한 옷을 줄 테니, 축제에 갔다

와. 다만 12시가 되기 전, 그들이 돌아오기 전에 집으로 돌아와. 그들 눈에 띄어서는 안 돼."

불쌍한 그녀는 그렇게 했다. 그녀는 들에 갔다(들은 가까웠다). 가지를 꺾어서 열십자로 두드리며 말했다. "귀리 가루야, 광주리로 가라. 재야, 아궁이로 가라."

그리고 그녀는 기뻐했다. '세상에, 모든 일이 끝났어.' 그녀는 마당으로 나갔고 거기에는 말이 달려서 다가오고 있었으며 고삐는 불처럼 번쩍거렸다. 빨리 한쪽 귀로 들어가 다른 쪽 귀로 나오자 그녀는 미녀로 변했으며 아름다운 옷을 입고 있었다. 머리에는 모자가 있었고 발에는 구두가 신겨져 있었다. 그녀는 말을 타고 축제가 열리는 곳으로 갔다. 도중에 그녀는 아줌마와 동생을 알아보고 채찍으로 그들을 때리고 계속 갔다. 거기서 사람들은 어떤 미녀가 온 것을 보았고 왕궁의 하인들, 심지어는 왕자가 직접 다가와서 그녀의 손을 잡고 자신의 자리로 데리고 갔다. 사방에서 사람들이 왔다(그때 사람들은 지금보다 적었지만 어쨌든 많이 모였다). 모든 것은 옛날 식대로 진행되었다. 먹을 것은 접시에다 주지 않았고 모두 하나의 그릇에서 먹었다. 고기는 나무로 깎은 식기에 잘라 주었고 이 식기 옆에는 작은 손잡이가 있었다. 사람들은 그릇 주위에 앉아 먹었다. 그런 다음 고기를 잘게 썰어야 했다. 이반 왕자는 주인이기 때문에 '잘게 잘라 줘'라고 하면서 이반 왕자에게 고기를 칼로 자르게 했다. 그런 다음 그들은 고기를 식탁마다 전달해 주었다.

아줌마는 멀지 않은 곳에 앉아 있었다. 이반 왕자가 고기를 잘게 썰기 시작하자 그녀의 딸이 말했다.

"이반 왕자님, 저에게도 한 조각 먹게 해 주세요."

이반 왕자는 그녀를 겨냥했고 고기 조각은 다리에 맞았다.

"아이쿠, 아파, 아파, 다리가 잘못 됐어. 다리가 잘못 됐어. 다리가 잘못 됐어."

어머니는 말했다.

"조용히 하고 앉아. 갈고리로 다리를 만들자. 조용히 해."

식사는 끝났다. 모두 마을을 산책하기 시작했다. 그들은 산책했지만 모두 갈 시간이 되었다. 어머니는 어딘가에 있는 외양간에서 곤봉을 찾아 토막 내서 자신의 불쌍한 딸에게 다리 대신에 부지깽이 비슷한 뭔가를 만들어 주고 신발을 신겨 집으로 떠났다.

의붓딸도 집으로 가야 했다. 그런데 이반 왕자가 그녀를 보았다. 그는 문설주에 타르를 발랐다. 아가씨가 지나갈 때 문설주를 손으로 건드렸다. 작은 반지가 남았다. 그는 그 반지를 잡아 주머니에 넣었다. 아가씨는 달려가서 말에 타고 계모와 동생을 앞질러 갔다.

그런 다음 말 귀에 들어갔다가 다시 나왔다. 말은 사라졌다. 그녀는 이미 창문가에 앉아 있었다. 계모는 저기서 딸과 말을 타고 오면서 소리쳤다.

"밥순아, 더러운 계집아, 내 딸은 하루 종일 이반 왕자와 산책을 하다가 다리를 다쳤어."

아가씨는 움직이지 않고 말만 했다.

"누구든 산책은 해야 해요."

"근데, 넌 다 해 놓았어?"

"해 놓았어요, 아줌마."

"교활한 악마 같으니, 네가 한 게 아니라 네 엄마가 했지."

다시 밤이 지나가고 아침에 다시 계모는 아픈 딸 곁에 있었다. 불쌍한 아이는 밤새 신음하고 또 신음했다. 다리가 아팠다. 그러나 아침에 다시 어머니와 축제에 가야 했다. 다시 엄마는 그녀를 치장시키고 말했다.

"신음 소리 내지 마. 너는 이반 왕자의 청혼을 받아야 해."

그들은 옷을 입었다. 그리고 계모는 떠나면서 다시 불쌍한 아가씨에게 기장과 모래를 섞어서 주었다. 그리고 말했다.

"애, 너는 여기서 일해. 기장과 모래를 분리해 놔."

불쌍한 아가씨는 다시 울고 또 울었다. '어떻게 하지? 다

시 엄마 무덤에 가야 할까?'

그녀는 어머니 무덤에 가서 계속 울었다. 그리고 말했다.

"엄마, 엄마, 아줌마가 또 딸을 데리고 놀러 나가면서 나에게 일을 남겨 놓았어요. 기장과 모래를 분리해 놓으래요."

"울지 마라, 딸아. 칼을 잡고 밭 두렁길로 가. 2년생 나뭇가지를 꺾어 이리로 오너라. 세 번 말해. '기장아, 그릇으로 가라, 모래는 왔던 거리로 가라.' 그리고 또 축제에 가. 말은 이미 준비되어 있을 거야."

불쌍한 아가씨는 기뻐하며 들로 가서 나뭇가지를 꺾어 와 세 번 열십자로 때리며 말했다. "기장아, 제자리로 가라, 모래야, 제자리로 가라."

세상에, 그녀는 모든 것이 다 정리된 것을 보았다. 그녀가 마당으로 가니 말은 이미 거기에 있었고 고삐에서 불길이 뿜어져 나오고 있었다. 그녀가 빨리 한쪽 귀로 들어가 다른 쪽 귀로 나오니 미녀로 변했고 화려한 옷을 입어서 그녀를 결코 알아볼 수 없었다. 그녀는 말을 타고 갔다. 마차를 타고 가는 아줌마를 따라잡았다. 그녀의 말은 속보로 달렸고 그들은 걸어서 느리게 갔다. 그녀는 그들에게 손을 흔들었다. 다시 그녀는 궁전에 도착했다. 이반 왕자도, 하인들도, 모두들 그녀를 맞았다. 이반 왕자는 직접 그녀의 손을 잡고 궁전 안으로 이끌었다.

거기에는 손님들이 있었는데 한 삼백 명 정도는 되었다. 다시 음식이 차려지고 다시 모두 함께 식사를 했다. 그런 다음 이반 왕자는 고기를 잘게 썰기 시작했다. 그러자 바르베이는 다시 말했다.

"이반 왕자님, 한 조각 먹게 해 주세요."

이반 왕자는 그녀를 겨냥했고 고기는 그녀의 손가락에 떨어졌다. 손가락이 부러졌다.

"아이고, 아이고, 손가락이 부러졌어."

어머니는 말했다.

"잠자코 앉아 있어. 부목을 대고 장갑을 씌워 줄게."

그들은 뭔가 구시렁거리며 그렇게 떠났다. 어제는 다리를 다쳤고 오늘은 손을 다쳤다. 딸은 너무 몸 상태가 좋지 않았지만 엄마는 또 산책하길 원했다.

의붓딸은 하루 종일 산책을 계속했으며 저녁에 집에 가려고 했다. 이미 늦었다. 문턱은 타르로 칠해져 있었다. 아가씨는 문턱으로 다가갔고 한쪽 신발이 거기에 남았다(반지는 어제 남았어요).

모두 집으로 갔다. 아가씨는 빨리 와서 말의 굴레를 벗기고 한쪽 귀로 들어가 다른 쪽 귀로 나왔다. 다시 앉아서 아줌마를 기다렸다. 그녀가 와서 소리쳤다.

"더러운 계집아, 너는 결코 어울리지 않아. 내 딸은 하루 종일 이반 왕자와 산책을 했어. 손가락이 부러졌지만 그 전까지 산책을 했지."

아가씨는 이반 왕자가 고기 조각을 손가락에 떨어뜨렸다는 것을 알고 있었다. 고기 조각을 달라고 하지 말지.

아가씨는 말했다.

"잘하셨어요, 잘하셨어요, 아줌마. 누군가는 산책을 해야 하니까요."

아줌마는 물었다.

"너는 기장과 모래를 분리해 놓았어?"

"분리해 두었어요."

"교활한 것," 그녀가 말했다. "네가 한 것이 아니라 너의 엄마가 한 것이지."

다음 날도 축제는 계속되었다. 아가씨는 다시 가야 했다. 내일 그녀는 모자를 남겨 둘 것이다. 그러면 그는 그녀를 찾을 것이다(알다시피, 얼마나 바보면 아가씨가 어디서 왔는지, 누구네 집 아가씨인지, 묻지도 않고 문턱에 타르 칠을 할까).

다음 날 다시 모든 것은 똑같았다. 바르베이, 아줌마의 딸은 밤새 잠을 자지 못했다. 아줌마는 흙을 가지고 와 호밀가루와 섞고서 아가씨에게 말했다.

"애, 여기 하루 동안 네가 할 일이 있어. 가루는 흙과 분리해 놔(얼마나 악독한 여자인가)."

그녀는 다시 말했다.

"우리는 축제에 갈 거야."

그들은 축제에 가려 했다. 어머니는 자신의 딸을 치장시키고 잘 씻겼다. 발, 손도 씻었고 장갑을 끼웠고 갈고리가 발 대신에 몸을 지탱하도록 했고 나무다리는 손수건으로 묶었다(나를 묶었던 것처럼). 그리고 그들은 갔다.

불쌍한 그녀는 다시 울었다. '엄마가 무슨 말을 할지 엄마에게 가야겠어.' 그녀는 어머니 무덤에 가서 울었다. 그러자 엄마는 거기서 나와 물었다.

"아가야, 왜 울고 있니?"

"네, 아줌마가 일하라고 저를 남겨 두었어요. 밀가루와 흙을 분리하래요. 그리고 자기는 축제에 갔어요."

"밭 두렁길에 가서, 3년생 회초리를 가지고 와. 세 번 열십자로 때리며 말해, '밀가루야, 광주리로 가. 흙아, 들로 가.' 밀가루가 분리될 거야."

아가씨는 그렇게 했다. 그리고 빨리 가서 보니 말은 이미 서 있었다. 그녀는 한쪽 귀로 들어가 다른 쪽 귀로 나오자 미녀가 되었다. 그녀는 말을 탔다. 이날은 이미 축제의 마지막 날이었다. 거기서 다시 그들은 그녀를 맞았다. 하인들과 다른 모든 사람들은 이 아가씨가 어디서 왔고 어디로 사라지는지 알 수가 없었다. 그녀가 누구네 집 딸인지도 알려지지 않았다. 그녀는 좋은 말을 타고 그 어느 누구보다 잘 차려입고 다녔다. 낮에 사람들은 산책을 하고 식사를 하려고 앉았다. 이반 왕자는 다시 고기를 썰기 시작했고 바르베이는 다시 참지 못하고 말했다.

"이반 왕자님, 고기 한 조각 먹게 해 주세요."

이반 왕자는 그녀를 겨냥했지만 눈에 떨어뜨렸고 그녀의 오른쪽 눈이 튀어 나갔다.

"아이고, 아파, 아파요. 엄마, 눈이 빠져나갔어."

"잠자코 앉아 있어. 양의 눈을 넣어 줄게."

아프고 불쌍한 딸은 한쪽 눈 없이 식사 후 나갔다.

아가씨는 하루 종일 이반 왕자와 산책했다.

내일 그는 모두들 모아 놓고 아가씨에게 모임에 가자고 청할 것이다. 그렇지만 그녀가 오늘 떠나려 하자 그는 문설주에 타르 칠을 해 놓았다. 아가씨는 허리를 구부리지 않아서 모자가 타르에 붙었다. 그녀는 빨리 말을 타고 예전처럼 했다. 집으로 돌아와 말고삐를 풀었다. 한쪽 귀로 들어가서 다른 쪽 귀로 나왔다. 불쌍한 아가씨는 예전처럼 지저분한 여자가 되었다. 그녀의 옷은 집에 없었다. 계모가 그녀에게 옷을 입히지 않았다.

아줌마는 딸과 함께 역시 집으로 갈 것이다. 바르베이의 엄마는 양이 많은 황제의 마당으로 가서 양을 잡아 눈을 뽑고 딸의 눈에 넣어서 묶었다. 그들은 집으로 가면서 다시 소리쳤다.

"더러운 계집아, 그렇게 집에 있는 거야? 내 딸은 하루 종일 이반 왕자와 눈이 튀어 나갈 정도로 산책했어."

"잘하셨어요, 잘하셨어요, 아줌마. 누구든 산책은 필요해요."

다음 날은 부활절 주간이었다. 이반 왕자는 아가씨를 찾기 위해 사람들을 모아야만 했다. 모두들 반지, 신발과 모자를 대 보기 위해 열여섯 살에서 스물다섯 살에 해당하는 사람들을 한자리에 모아야만 했다.

날이 밝았다. 사방에서 그리로 왔다. 아줌마 역시 자신의 아픈 딸을 그리로 데리고 왔다. 그녀는 아픈 손은 내밀지 않고 다른 손을 내밀었다(그녀는 딸을 박박 씻겼고 반지가 맞을 거라 생각했다). 엄마가 건강한 발을 씻겼지만 신발은 맞지 않았다. 그 누구에게도 전혀 맞지 않았다. 누구에게는 크고 누구에게는 작았다. 그렇게 이날은 지나갔다.

다음 날 저녁에 다시 그런 모임이 있었다. 다시 사람들은 대 보았고 이반 왕자는 말했다.

"건강하고 아픈 사람들 모두 이리로 데리고 오도록 하라. 반지, 모자, 신발은 어떻게 된 거지? 어딘가에 임자가 있을 거야."

아침에 아가씨는 옷을 입고 말했다.

"아줌마, 저도 데리고 가 주세요."

"아이고 더러운 계집인 네가 걸쳐 보려고?"

"데리고 가 주세요, 저는 구석에 있을게요. 저를 빗자루로 덮으세요."

그녀는 이 전처 딸을 데리고 갔다. 불쌍한 그녀는 계속 더러운 옷을 입고 있었다.

모두 대 보았다. 한 번, 두 번, 세 번. 세 번째 여인이 다가왔을 때 이반 왕자나 그의 참모들은 그녀를 알아보고 말했다.

"거기 누구냐?"

"아이고, 이 아이는 우리 집 지저분한 계집입니다. 구경하겠다고 왔어요."

"아니, 누구든 대 봐야 한다."

처음에 발에 신발을 신겨 보았다. 맞았다. 반지를 껴 보았다. 맞았다. 그리고 모자도 맞았다.

"너의 옷은 어디에 있느냐?" 왕자가 말했다.

"저를 집으로 가게 해 주세요."

그녀는 집으로 갔고 어머니에게로 가서 울고 또 울었다. 어머니는 그녀에게 옷을 한 수레 주었다. 그런 다음 그녀는 이반 왕자에게로 아름다운 모습으로 왔다.

그러자 계모와 그 딸은 말했다.

“이런 제기랄, 저 아이는 무슨 짓을 한 거야.”

그들은 온갖 험담을 그녀에게, 불쌍한 그녀에게 해 대기 시작했다.

그러나 신속히 결혼식을 올려야 했다. 결혼식 준비가 시작되었다.

계모의 딸은 아무것도 할 수 없었다. 그녀에게는 ‘상처’가 세 군데 있었다. 계모는 신부를 단장시켜야 했다. 오늘 신부를 데리러 올 것이다. 아침에 계모는 전처 딸에게 말했다.

“더러운 계집아, 멍에를 통과하듯 나의 다리 사이로 지나가.”

그녀는 종마들을 방목하러 떠났다(종마는 아직 어렸고 두세 살짜리이며 아직 일하지 않았다).

신랑은 오늘 이미 그녀를 데리러 도착해야 했다.

계모는 이반 왕자의 아가씨가 입을 옷을 골라 자신의 딸에게 입혔다(그때는 신부의 얼굴을 덮었다).

결혼식이 진행되었다. 사람들은 신부를 데리러 왔고 그녀는 얼굴이 덮인 채 건네졌다. 그들은 키스를 했고 앉아서 마시고 먹었다.

아가씨는 하루 종일 기슭을 따라 걸었고 종마들을 방목

하며 울었다. '내가 신부가 되어야 해. 그런데 종마를 방목하러 왔으니.'

결혼식 행렬은 기슭을 돌아 길을 따라 지나갔다. 그녀는 소리쳤다.

"부지깽이 다리를 싣고 가네, 나무 손가락을 싣고 가네, 양의 눈을 싣고 가네."

여자 친구들이 이 말을 듣고 물었다.

"누가 소리치는 거지?"

신부가 말했다.

"미친 여자야. 종마를 방목하고 있어."

바로 그랬다. 그녀는 다시 소리쳤다. 그러나 멀리서는 전혀 알아들을 수 없었다.

"좀 더 가까이 다가가."

"부지깽이 다리를 싣고 가네, 나무 손가락을 싣고 가네, 양의 눈을 싣고 가네."

"좀 더 가까이 다가가, 좀 더 가까이, 들리지 않아."

"다리에서 장화를 벗겨요."

장화를 벗기자 거기에는 부지깽이가 있었다.

"오른손 장갑을 벗겨요."

오른손 장갑을 벗기니 거기에는 손가락이 없었다.

"수건을 들어 올려요."

거기에는 양의 눈이 있었다.

아가씨는 그녀의 계모가 아침에 종마들을 데리고 방목하러 가라고 하고 자신의 딸을 치장했다고 전부 설명했다.

계모의 딸은 잡혀서 옷이 벗겨지고 아가씨는 치장되었다. 계모의 딸은 다리 밑으로 엄마가 낳은 그대로 벌거벗겨진 채로 떠밀렸다.

아홉 달이 지났다. 계모는 그리로 무엇을 타고 가지도 않았고 걸어서도 가지 않았다. 딸네 집을 방문하지도 않았다(그런 사람은 어둠의 사람들이었다). 언젠가 거기 이반 왕자 집에서 아가씨가 이미 아들을 낳았다는 소문이 돌았다. 그녀는 그녀의 딸이 아들을 낳았다고 생각했지만 아직 보지 못했다. 전처의 딸은 종마를 방목하다가 이미 어딘가에서 죽었을 것이라고 생각했다. 계모는 아무것도 몰랐고 그 누구도 그녀에게 그 어떤 것도 말해 주지 않았다.

계모는 딸네 집을 방문하려고 떠났다. 걷고 또 걸었다. 앞에는 작은 강을 건너는 다리가 아마도 세 개의 통나무로 되어 있었을 것이다. 거기에는 줄기가 자라고 있었다.

"어머, 손자에게 줄기를 가져다줄까? 손자가 태어났으니."

그녀는 줄기를 꺾으려고 했는데 거기서 소리가 났다.

"어머, 엄마, 아파요."

그녀는 더 강하게 꺾었다.

"어머, 엄마, 아파요."

'내 딸 목소리가 어디서 나는 거지?'

그녀는 좀 더 세게 꺾었다.

"아이고, 엄마, 아파요."

그녀가 다리 밑을 보니 거기에 딸은 거의 썩어 있었다.

"엄마, 결혼식이 끝나고 갈 때 그녀가 소리쳤어요. 그리고 사람들이 나를 이리로 던져 버렸어요."

"어쨌든 너는 왕자비가 될 거야. 내가 지금 가서 그녀를 죽이겠어."

그녀는 만족해하며 자신의 딸을 목욕탕에 숨겨 두었다. 불쌍한 전처 딸은 계모가 온 것을 알고는 겁을 냈다. 이반 왕자에게 계모가 오면 뭔가 안 좋은 일을 할 거라는 것을 말하지 않았다. 그녀는 와서 아무렇지도 않게 인사를 했다.

갓난아이는 따뜻한 목욕이 필요하다. 전에 그런 관습이 있었다. 갓난아이를 위해 목욕탕의 물을 덥히고 계모는 아이를 생모에게서 떼어서 데리고 갔다(그때는 병원이 없었다).

그녀는 아이를 목욕탕으로 데리고 가서 목욕을 시키고 옷을 입히고 전처 딸에게 말했다.

"내 다리 사이로 지나가라, 멍에를 지나가라."

거위들이 날아왔다.

"거위들과 날아가라."

그녀는 자신의 딸을 목욕탕에서 씻기고 옷을 입혀 침실로 데리고 갔다(전에 기도 전에 남편은 아내를 만질 수 없었다. 여섯 주가 지나가야 아이와 교회로 갔으며 기도를 하고 그런 다음 남편은 아내 옆에 와서 눕는 것이 허락되었다).

여섯 주 동안 이반 왕자는 자신의 아내에 대해 아무것도 알지 못했다. 그러나 아이는 밤새 울었고 계모의 딸은 그를 달랠 수 없었으며 젖을 먹일 수도 없었다. 그녀에게는 젖이 없었기 때문이다. 아이를 무엇으로 먹이는지도 몰랐다. 여러 날 동안 밤마다 아이는 울었다.

어느 날 거위들이 날아갔고 한 마리가 땅에 떨어져서 목동에게 물었다.

"목동아, 너는 누구의 곡식으로 가축을 먹이니?"

"나는 이반 왕자의 곡식을 먹여." 목동이 답했다.

"저기서 아이가 울고 있니?"

"울고 있어. 밤새 울고 있어."

"다행이군, 내일 그를 데리고 와 줘. 이반 왕자에게 부탁해. 이렇게 말해. '작은 자루에 그 아이를 넣어서 저에게 주세요. 감싸서 주세요.' 아마 허락할 거야. 아이가 내일 낮에 오면 나는 그 아이에게 젖을 먹일 거야."

어리석은 목동은 이 사람이 이반 왕자의 아내라는 것을 생각하지 못했다. 이 사람이 그의 아내라는 것을 어떻게 알겠는가.

그러나 말했다.

"청하도록 해 볼게, 그럴게."

아침에 그는 옷을 입고 말했다.

"저에게 아이를 주십시오. 여러 날 동안 아이가 울었습니다."

아버지는 아이 돌보는 것을 도왔지만 아무것도 몰랐다. 아이는 배가 고파서 울고 있었다.

"저에게 아이를 주십시오. 아이를 감싸서 작은 자루에 넣어 주십시오, 아마도 종이 울리는 그 사이에 낮에 있을 것이며 더 잘 자게 될 것입니다."

"그럼 데리고 가거라. 데리고 가."

목동은 아이를 작은 자루에 넣어 데리고 무리로 왔다. 정오에 거위 무리들이 날아오는 것이 보였다.

"거위야, 거위야, 이 아이의 어미가 너희 중에 있니?"

"아니, 아니, 다른 무리에 있을 거야."

다른 무리가 날아왔다.

"거위야, 거위야," 목동이 소리쳤다. "이 아이의 엄마가 있니?"

“또 다른 무리에 있어, 또 다른 무리에.”

그는 세 번째 무리에게 소리쳤다.

“거위야, 거위야.”

그녀는 이미 내려왔다. 그녀는 와서 날개를 관목 숲 밑에 던지고 아이를 안고 울었다. 그녀는 젖을 먹이고 또 먹였다. 아이는 배부르게 빨아 먹고 잠이 들었다. 어머니는 키스를 하고 아이를 감싼 다음 작은 자루에 넣었다.

“내일도 데리고 와. 그들에게 갈 거지?”

“갈 거야.” 그가 말했다. “3일 동안 그들에게 갈 거야. 그들에게는 소가 많거든.”

“내일 데리고 와, 제발. 달라고 부탁해 줘. 종이 울리면 아이가 잘 잔다고 말해.”

아이는 배불러서 자고 있었다.

“내가 아이의 엄마라고 말하지 마.” 그녀는 목동에게 일러두었다.

다음 날 목동은 다시 차를 마시고 옷을 입었다.

“저의 작은 자루에 다시 아이를 넣어서 주세요. 소들과 종들 사이에서 아이는 하루 종일 잘 거예요.”

“데리고 가라.” 만족해하는 계모는 말했다. “아이는 낮에 울지 않고 밤에 자.”

목동은 다시 왔다. 정오가 되었다. 거위들이 날아왔다

(다음에 그들은 가을에 따뜻한 나라로 날아갈 것이다).

다시 그는 소리쳤다.

"거위야, 거위야, 너희 중에 아이의 엄마가 없니?"

"다른 무리에 있을 거야, 다른 무리에."

다른 무리들이 날아왔다.

"거위야, 거위야, 아이 엄마가 없니?"

"또 다른 무리에 있어, 또 다른 무리에."

세 번째 무리에는 소리칠 필요가 없었다. 어머니는 알고 지상으로 내려왔다. 자신의 날개를 다시 풀숲에 숨겨 두었다. 그녀는 다시 아이를 안고 먹이고 또 먹였다. 다시 울었다.

"목동아, 제발, 내일 다시 아이를 데리고 와. 우리는 내일 마지막으로 여기 날아올 거야. 그런 다음 따뜻한 나라로 날아갈 거니까. 그럼 내 아이를 보지 못할 거야. 내일 작은 자루에 넣어서 아이를 데리고 와. 나는 내일 또 젖을 먹일 거야. 이반 왕자에게는 말하지 마."

아침에 이반 왕자는 아이의 옷을 입히고 말했다.

"아이가 소와 종 사이에 있으면 밤에 잠을 자는 것 같아."

그들은 아이의 엄마가 젖을 먹이는 것을 몰랐다.

목동은 이반 왕자에게 말했다.

"거위들이 날아오는데 암거위 한 마리가 내려와서 날개

를 벗고 아이에게 젓을 먹이며 울어요. 오늘 마지막으로 올 거예요."

"그 사람은 내 아내야, 내 아내야. 아이를 먹인다면 누구겠어? 새가 어떻게 알겠어?" 그가 말했다.

그는 총을 들고 암거위가 날개를 던진 관목 숲에 숨었다.

다시 거위들이 날아갔다. 목동이 소리쳤다.

"거위야, 거위야, 너희 중에 아이 엄마가 있니?"

"다른 무리에, 다른 무리에."

다른 무리가 날아갔다.

"거위야, 거위야, 아이 엄마가 있니?"

"바로 저기, 세 번째 무리에 있어."

세 번째 무리가 날아왔고 그녀는 이미 내려왔다. 날개를 벗어 던졌다. 그러나 이반 왕자는 그사이에 성냥에 불을 붙여 날개를 태웠다.

어머니는 아이를 안고 젖을 먹였고 아이는 배가 불러서 빨지 않았다. 어머니는 냄새를 맡았다.

"어머, 내 날개가 타고 있는 거 아냐?"

이반 왕자가 다가와 말했다.

"날개는 내가 태웠소, 당신은 어디도 갈 수 없어."

"저도 가지 않을 거예요, 이반 왕자님, 당신과 가지 않을 거예요. 그녀는 이미 나에게 두 번이나 마법을 걸었어요. 만약 세 번째 걸면 어떻게 되겠어요? 왜 당신은 날개를 태웠어요. 나는 이제 어디로 가야 하나요?"

"두려워 마."

그들의 집에는 방이 많았다. 그는 그녀를 그들에게로 데리고 가지 않았다. 아이는 있었지만 그녀와 헤어졌던 침실로 데리고 갔다. 밤에 잠을 자고 아침에 이반 왕자가 말했다.

"장모, 나는 황소를 죽이려고 하는데요."

"황소를 어디서 죽이게요?"

"집 부엌에서 죽이지 어디서 하겠어요?"

"어머, 무서워요."

"만약 무서우시면 머리를 자루에 집어넣고 벤치 밑으로 기어들어가세요(그때는 책상 의자도 소파도 없었다. 벤치는 오두막 벽을 두르는 두꺼운 판자로 만들어졌다)."

"벤치 밑으로 가요."

그녀는 벤치 밑으로 숨었다. 그는 황소를 오두막으로 데리고 왔다. 황소는 날뛰었다. 그러자 이반 왕자는 도끼를 들어서 도끼 등으로 벤치를 쳤다. 거기서 소리가 새어 나왔다.

"아이고, 아이고, 아파, 아파요."

"장모, 이것은 황소가 당신을 찬 겁니다. 황소가 찬 거예요."

그는 다시 도끼 등으로 머리를 쳤다.

"아이고, 아이고, 아파, 아파요."

"장모, 이것은 황소가 발길질을 한 겁니다."

세 번째에 그녀는 날카로운 비명을 질렀고 그는 이미 그녀의 머리를 쪼갰다. 계모는 죽었다. 마법사인 계모를 하인들이 어딘가로 가지고 가 던졌다.

이제 그는 침실로 가서 말했다.

"당장 나가."

모든 남자들이 이반 왕자를 필두로 왔다. 그들은 그녀의 옷을 벗기고 산 채로 조각조각 냈다. 손 따로, 다리 따로, 머리 따로, 몸 따로. 얇은 망에 넣어서 어린 종마의 꼬리에 묶었다. 그는 채찍으로 종마를 때렸고 종마는 달려갔다. 머리가 떨어진 곳에 바위가 나타났고 눈이 떨어진 곳에 연못이 나타났으며 코가 떨어진 곳에 샘이 나타났고 다리가 떨어진 곳에 부지깽이가 나타났으며, 엉덩이가 떨어진 곳에 잔디가 나타났다. 종마가 달려갈 때까지 그렇게 되었다.

그러나 그들은 행복하게 잘 살았다. 아이는 무럭무럭 자랐다. 오늘날 그들은 거기에 살고 있다.

곰과 여우

무성한 숲에서 곰과 여우가 만났다. 곰이 물었다.

"여우야, 잘 지냈니?"

"응, 보다시피, 잘 지내. 너를 위해 내 꼬리로 오솔길을 청소하려고 노력하고 있어. 비용은 청구하지 않을 거야."

"그래 나에게 돈을 받아 가다니," 곰이 말했다. "내가 우리 숲에서 왕이나 다름없어서 다들 나를 두려워하는데. 한 방이면 족해." 곰이 자랑했다.

그들은 함께 무성한 숲을 돌아다녔다. 그들은 어떻게 해서 개미집을 만났다. 여우가 말했다.

"곰아, 눈을 찡그려서 개미들이 자기만 한 돌을 나르는 것을 봐 봐."

그때 그는 한쪽 눈을 감고 다른 눈으로 정말인 것을 알았다. 그 역시 발로 바로 옆에 놓여 있는 자기만 한 돌을 잡았다. 아무리 힘을 써도, 옮기려고 해도 도저히 할 수가 없었다. 여우는 말했다.

"곰아, 네가 그 정도인 거야. 네가 그 누구보다 더 힘이 세다고 말하지만 너는 나보다도 약할지도 몰라."

그리고 그들은 계속 걸어갔다. 걷다가 버섯을 따는 여자들과 만났다. 여자들은 곰을 보자 제각각 반응했다. 어떤 여자들은 통을 두드리고 다른 여자들은 목청껏 소리쳤다. 곰은 겁이 났고 여기서 일어나는 일을 보고 줄행랑을 쳤다. 곰은 정신이 반쯤 나가서 넘어지면서 계속 달리다 바위에서 떨어졌다. 여우는 소나무 아래 앉아서 웃으면서 주변에 일어난 일을 모두 지켜보고 있었다.

제멋대로인 아내

한 남자가 장가를 갔다. 그는 아가씨를 아내로 삼고 살기 시작했다. 처음에 모든 것은 순조로웠고 그들은 항상 서로 서로의 말을 들었다. 그러나 그런 다음 아내는 웬일인지 버릇없이 굴었고 제멋대로 행동하기 시작했다. 모든 것은 그녀 식대로만 해야 했다.

어느 날 그들은 숲으로 나무를 하러 갔다. 남편이 말했다.

"자작나무를 베야겠어. 자작나무에서 좋은 통나무를 구할 수 있으니까. 난로에 넣으면 화력이 좋을 거야."

아내는 말했다.

"안 돼요. 소나무를 베야 해요. 소나무가 가느니까요. 소나무를 베면 빨리 많이 베어 갈 수 있을 거예요."

불쌍한 남자가 여기서 그녀와 무슨 일을 할 수 있겠는가. 생각하다가 말했다. "그렇게 해, 소나무를 베."

다음번에 그들은 건초 더미로 가려 했다. 그들은 들에 왔고 남자는 말했다.

"여보, 당신이 당신 뜻대로 모든 것을 하니 이번에는 내 식대로 하게 내버려 둬. 토끼풀을 베서, 소들에게 좋은 건초를 먹이게 해 줘."

아내는 말했다.

"됐어요, 우리는 정말 이 풀을 한 아름씩 모아야 한단 말이에요. 이봐요, 옆에 사초가 얼마나 많아요. 만약 이 풀을 벤다면 한 번에 필요한 만큼의 더미를 만들 수 있어요."

그들은 사초를 베기 시작했다. 높이, 높이 더미를 쌓아 올렸다. 불쌍한 남자는 다시 어쩔 수 없었다.

다음번에 그들은 배를 타고 오네가[3]로 낚시를 하러 가려 했다. 그들은 배를 탔다. 남편은 뱃전에 아내는 고물에 앉았다. 전력을 다해 노를 젓기 시작했다. 호수의 중간까지 가서 멈췄다. 다시 남자가 아내에게 말했다.

"이제 내 식대로 할 거야."

그러자 아내가 가로챘다.

"당신 마음대로 하지 말고 내 식대로 해요."

그들은 계속 말다툼을 했고 닻을 물에 내리지 못했다. 아내는 농어가 물에서 머리를 내미는 것을 보았다. 그녀는 몸을 던져 손으로 농어를 잡으려고 했지만 물속으로 가라앉았

---

3) 러시아연방의 유럽 지역의 북서쪽에 있는 호수 이름. 라도쥐스코예 호수 다음으로 유럽에서 두 번째로 큰 호수. 카렐리아, 레닌그라드와 볼로고드 주에 위치. 발틱해와 연결되어 있다.

다. 물속에서 허우적대면서 소리쳤다.

"아이고, 여보, 여보. 물속에서 나를 꺼내 줘요."

남자가 말했다.

"정말 제멋대로군. 물속에서 헤엄쳐."

"아이고, 내 멋대로 하는 거 아니에요."

"말해 봐, 내가 물속에서 당신을 꺼내 주면 내 맘대로 할 거야, 아니면 당신 맘대로 할 거야?" 남자가 물었다.

"아이고, 당신 뜻대로 해요."

"앞으로도 모든 것을 당신 맘대로 할 거야, 아니면 내 뜻대로 할 거야?"

"당신 뜻대로 해요."

"그럼 내 뜻대로 한다면 기어 나와."

남편은 자신의 아내가 가여워졌다. 그는 아내에게 손을 내밀었다. 그는 물속에서 그녀를 들어 올렸다. 그 이후 그들은 말다툼하는 날이 없어졌다. 둘은 매사에 서로서로를 존중하게 되었다.

주인 부부와 이웃에 사는 백정

어느 날 한 부부와 이웃인 백정이 숲, 무성한 수풀로 버섯을 따러 가려 했다. 그들은 어깨에 자루를 메고 걸어갔다. 얼마 동안 걷다 보니 보통 일이 아니었다. 한쪽에는 무성한 관목이 자라고 있고 다른 쪽에는 오래된 소나무가 바람에 쓰러져 있는 것만 보였다.

그들은 버섯을 계속 모으고 집으로 가야 했다. 걸어도 걸어도 집은 보이지 않았다. 길을 잃고 헤맸다. 무슨 일이지? 통상 그렇듯 그들은 셋이서 한목소리로 소리치기 시작했다. "야호, 야호." 그러나 그 누구도 대답하지 않았고 다만 메아리가 "야호, 야호" 하는 듯했다.

그들은 일이 잘못된 것을 알았고 더구나 배까지 고팠다. 음식을 어디서 구하지? 서로서로 물었지만 이번에도 어떻게 해야 할지 전혀 해답이 나오지 않았다. 셋이서 멧닭 둥우리로 달려갔다. 둥우리에는 멧닭이 앉아 있었다. 남편은 와락 멧닭을 잡았다. 멧닭이 잡혔고 그는 만족스럽게 말했다.

"이제 우리에게 음식이 생겼어. 이 새를 나눠야 해. 그런데 누구도 화를 내지 않도록 해야겠지. 누가 분배할 거야? 여보, 가져가서 분배해 줘." 남편이 아내에게 말했다.

그러자 그녀는 말했다.

"여보, 백정에게 줍시다. 그가 분배를 더 잘할 거예요. 이미 어떻게 분리하는지 알잖아요."

"어떻게 감히 제가 할 수 있겠어요, 사실 전 백정이지만요."

그는 분리하기 시작했다.

처음에 그는 머리를 자르고 남편에게 주었다. 그리고 말했다.

"주인님, 당신이 머리이므로 당신에게는 머리를 드립니다. 머리 하나는 가정에 꼭 필요하지만 머리가 둘이면 더 좋겠죠."

그는 날개를 자르기 시작했다. 그러면서 여주인에게 말했다.

"이 멋진 날개는 무엇보다도 당신에게 어울립니다. 당신이 일요일에 하는 요리가 순조로울 수 있도록 말입니다."

그렇게 백정은 이 멧닭을 분배했다. 그가 화낼 일은 없었다. 고기 부분은 모두 그의 몫이었기 때문이다. 그런 식으로 집에 도착할 때까지 부부는 배가 고픈 채 걸어야 했다.

성자 아폴론

노부부가 살았다. 할아버지는 사냥을 했다. 할머니는 그를 좋아하지 않았다. 할머니에게는 애인 미트로판이 있었다.

어느 날 할아버지가 숲에서 와서 말했다.

"할멈, 숲에 있는 버드나무 위에 성자 아폴론이 앉아 있어."

할머니가 말했다.

"나는 아폴론에게 기도하러 가야 할 것 같아요."

"이봐, 거기에 가면 나와 닮은 노인이 앉아 있는 것을 보게 될 거야."

할머니가 말했다.

"영감, 내가 가서 그가 거기에 있는지 찾아볼까요?"

노인이 말했다.

"가 봐, 들을 지나면 거기 오른쪽 밭 두렁길 위에 그가 앉아 있어."

할머니는 비틀비틀 걸어갔고 할아버지는 곧장 달려가서 버드나무 위에 앉았다. 할머니가 도착했다. 거기 버드나무 위에 노인 아폴론이 앉아 있었다. 그러자, 할머니가 물었다.

"당신이 성자 아폴론이오?"

그가 말했다.

"접니다."

"성자 아폴론 님, 우리 영감에게서 벗어나게 도와주세요. 저에게는 애인 미트로판이 있어요."

아폴론은 말했다.

"내가 너에게 말하노니, 집으로 가서, 난로에 불을 지피고 노인에게 버터 바른 칼릿키[4]을 구워 주어라. 먹으면 눈이 멀 것이다."

아내가 집으로 오니 노인이 물었다.

"여보, 당신 아폴론을 찾았어?"

"찾았어요. 그는 딱 당신 같더군요."

노인은 물었다.

"당신에게 좋은 말을 해 줍디까?"

"그가 말하더군요. 집으로 가서 잘 살고, 노인에게 버터 바른 것들을 먹이라고요."

아내는 당장 옷을 벗고 난로에 불을 지피고 칼릿키와 드라쵸나[5]를 구웠다. 그리고 노인은 이 칼릿키와 드라쵸나를

---

4) 피를 만들어 양배추나 감자를 넣어 만든 크로켓 종류의 빵.

5) 드로쵸나라고도 하는 이 음식은 계란과 우유에 밀가루, 양배추, 익

먹었다. 저녁이 왔다. 노인은 말했다.

"여보, 무슨 일이 일어나는지 모르겠어. 보이지 않아."

아내는 아침까지 아무 말도 하지 않았다. 노인은 아침에 다시 말했다.

"전혀 보이지 않아."

아내는 다시 난로에 불을 지피고 다시 칼릿키와 드라쵸나를 먹였다. 노인은 페치카[6] 위쪽으로 가서 잠이 들었다.

아내는 미트로판을 자기 집으로 부르러 갔다. 남편은 아내에게 말했다.

"총을 가지고 와. 나는 눈이 보이지 않으니 만지기라도 해야지."

미트로판이 와서 식탁에 앉았다. 그녀는 미트로판에게 음식을 내오고 마실 것을 주며 말했다.

"맛있는 버터를 섞은 귀리를 당신을 위해 준비했지만 아직 드시지 마세요. 소젖을 짜서 가지고 올 테니 함께 마시세요."

아내가 소젖을 짜러 갔다. 이때 노인은 페치카에서 미트

혀서 으깬 감자를 섞어서 구운 음식.

6) 페치카는 번역하면 난로인데 러시아 페치카는 안에 불을 피우게 되어 있고 돌이나 시멘트로 만들어 그 위에서 잘 수 있게 되어 있다.

로판의 가슴에 총을 쏘았다. 그런 다음 내려와서 귀리로 덩어리를 만들어 그의 입에 쑤셔 넣었다.

아내는 젖 짜러 갔다가 와서 보니 미트로판이 귀리에 질식해 죽어 있었다.

“왜 입안 가득 귀리를 밀어 넣었어요. 우유를 기다리지 않고. 우유를 마시지 않으니 질식하지.”

노인은 물었다.

“여보, 누구와 이야기하는 거요?”

“고양이가 스메타나[7]를 먹어서 야단치는 거예요.”

아내는 미트로판을 등에 짊어지고 집에서 나왔는데 다리가 땅에 질질 끌렸다. 노인은 물었다.

“여보, 당신은 거기서 뭘 두드리는 거야?”

“절구가 헛간에서 이미 3주나 있었어요. 그걸 가지고 나가는 거예요.”

그녀는 미트로판을 헛간에 가져다 놓고 세숫대야로 숨겼다. 아침까지 그는 그렇게 거기에 있었다. 아침에 남편이 일어나 말했다.

“여보, 이제 보이기 시작했어. 눈이 보이면 헛간에서 거

---

7) 러시아식 사워크림, 러시아에서는 수프나 블린(팬케이크)과 같은 음식에 곁들여 먹는다.

름을 긁어 와야 해."

아내는 말했다.

"어머, 추워요. 긁어 올 필요 없어요."

노인은 말했다.

"그래야 해."

아내는 말했다.

"좋아요, 내가 긁어 올게요."

남편은 말했다.

"당신은 할 수 없어. 내가 긁어 와야 해."

그들 둘은 헛간으로 갔다. 남편은 말했다.

"세숫대야를 들어야 해."

아내가 말했다.

"세숫대야를 들어 올릴 필요는 없어요."

남편은 아내의 말을 듣지 않고 세숫대야를 들었다. 들었더니 거기, 세숫대야 밑에 미트로판이 누워 있었다. 노인이 말했다.

"여보, 이 사람 누구야?"

"미트로판이에요. 내가 그에게 귀리 요리를 만들어 주었는데 질식해 죽었어요."

노인은 미트로판을 마당으로 끌고 나와 그에게 말뚝을 박았고 썰매에 태워 말을 타고 길을 떠났다. 들어 보니 종이 울리고 마부가 수사관과 말을 타고 왔다. 남편은 미트로판 손에 고삐를 찔러 넣고 자신은 숲으로 도망쳤다. 마부가 소리쳤다.

"옆으로 비켜, 옆으로 비켜."

그러나 그는 길옆으로 비키지 않았다. 마부는 그의 뒤통수를 쳤고 그 사람은 썰매에서 떨어졌다. 남편은 숲에서 나와 소리쳤다.

"경비병, 사람이 죽었어요."

수사관이 말했다.

"소리치지 마. 너에게 백 루블을 주겠다."

남편은 다시 미트로판을 썰매에 태워 길에 놓아두었고 자신은 조용히 걸어서 왔다. 젬스트보[8]가 수사관의 뒤를 따라갔다. 그러나 미트로판은 다시 비키지 않았다. 마부가 다가가 그의 뒤통수를 쳤다. 미트로판은 다시 떨어졌다. 남편은 소리쳤다.

"경비병, 사람이 죽었어요."

젬스트보는 말했다.

"소리치지 마, 너에게 이백 루블을 줄 테니."

노인은 돈을 받고 미트로판을 숲에 던졌다. 자신은 집으

---

8) 혁명 전 러시아의 지방 선거 협의회.

로, 아내에게로 돌아왔다. 그리고 오늘날에 그들은 돈을 가지고 살고 있다.

보댜노이

옛날 옛적에 노부부가 살았다. 노부부에게는 딸 하나가 있었다. 할아버지는 오네가에 낚시하러 왔다 갔다 했다. 30년 동안 다녔다. 어느 날 노인이 오네가의 물을 마시는데 누군가가 그의 턱수염을 잡았다.

노인이 말했다.

"놓아줘."

"못 놔. 네가 가장 아끼는 것을 줘."

"딸을 줄게. 딸을 데리러 가게 해 줘." 손이 턱수염을 놓아주었다.

노인은 슬퍼하며 집으로 왔다. 아내에게도 딸에게도 아무 말도 하지 못했다. 먹고 마시고 잠자리에 들었다. 그는 누군가가 문 두드리는 소리를 들었다. 아내가 가려 했지만 노인은 결심했다.

"내가 직접 갈 거야. 당신은 가지 마."

그가 물었다.

"거기 누구요?"

"약속한 것을 줘."

"아직 태어나지 않았으니 내일 저녁에 오시오."

노인은 아내와 딸에게 말했다.

"30년 동안 오네가에 다녔지만 빗과 거울은 결코 잊지 않았는데 두고 왔어. 딸아, 오네가 기슭에 빗과 거울을 가지러 가다오."

딸은 빗과 거울을 가지러 갔다.

걷고 또 걷다가 오두막을 만났다.

"오두막아, 오두막아, 태양 쪽으로 얼굴을 돌리고 나에게는 입구를 돌려라."

오두막이 멈췄다. 오두막으로 들어가니 바바 야가가 페치카 위에 앉아 있었다.

"저런, 저런, 저런. 러시아 영혼을 한 번도 보지 못했는데. 러시아 영혼이 왔군. 먹을 테다, 먹을 거야."

"조용히 해요, 할머니. 저는 시간이 없어요. 그런데 저는 당신을 두려워하고 있어요."

바바 야가 자신은 페치카 위에 앉아서 아궁이 안을 코로 뒤적였다. 그녀는 소녀에게 먹고 마실 것을 주려고 거기서 내려왔다.

"네가 빗과 거울을 가지러 가지 않고 물의 정령의 딸에게로 왔구나. 가라, 나의 언니가 너에게 조언을 해 줄 것이다. 길을 따라 앞으로 가거라."

소녀는 다시 길을 걸었다. 다시 오두막을 만났고 오두막은 다시 돌고 있었다.

"오두막아, 오두막아, 태양 쪽으로 얼굴을 돌리고 나에게는 입구를 돌려라."

오두막은 멈췄다. 거기에는 나이 든 우두머리가 앉아 있었다. 그 우두머리가 다시 말했다.

"저런, 저런, 저런. 러시아 영혼을 한 번도 보지 못했는데. 러시아 영혼이 왔군. 먹을 테다, 먹을 거야."

"조용히 해요, 할머니, 저는 시간이 없어요. 그런데 저는 당신을 두려워하고 있어요."

그녀는 소녀에게 먹고 마실 것을 주고 옷을 입으라고 명령했다. 그녀 자신은 썰매를 준비하고 썰매 안에 짚 한 단을 놓고 소녀를 짚 안에 놓았다. 그들은 길을 떠났으며 그녀는 소녀를 싣고 갔다. 노파와 소녀의 발자국을 쫓아 보댜노이들이 달려왔다. 노파와 소녀 중 하나는 사제로 변했고 다른 하나는 교회 신도로 변했다. 보댜노이들이 다가왔다.

"사제와 신도님, 여기 누군가가 지나가지 않았습니까?"

"우리는 백 년 동안 여기 살고 있는데 아무도 보지 못했습니다."

보댜노이들은 집으로 돌아갔다. 보댜노이들은 집으로 와서 다음과 같은 말을 들었다. "너희가 그들을 먹지 않아서 그들은 살아 있어." 보댜노이들은 다시 돌아갔다. 그러자 노파와 소녀는 호수와 농어로 변했다. 보댜노이들은 다시 나타났다.

"여기 누군가가 지나가지 않았니?"

"보지 못했어요."

보댜노이는 물을 마시기 시작해서 호수 전체를 마셔 버렸다. 농어만 남아서 뭍에서 팔딱거렸다.

"농어야, 농어야, 머리를 나에게 향해서 오렴."

"머리로 가지 않을 거예요. 꼬리부터 드세요."

보댜노이가 농어의 뒤를 잡아서 누르자 농어는 파열되면서 곧 죽었다. 그러나 노파는 소녀를 안전하게 부모에게 보냈다. 부모는 기뻐했다. 나는 거기에 있었고 붉은 보리수나무 숟가락으로 음식을 먹었어. 거기에서 그들은 오늘도 살고 있어.

의붓딸

옛날 옛적에 어머니와 두 딸이 있었다. 하나는 친딸이고 하나는 의붓딸이었다. 어머니는 그녀의 계모였던 것이다. 그녀는 자신의 딸을 사랑했으나 의붓딸은 전혀 사랑하지 않았다.

이 여자가 자신의 친딸에게 말했다.

“저 아이를 강기슭 오두막에 살게 보내 버리자.”

그리고 의붓딸에게 말했다.

“내일부터 너는 우리와 따로 살아야 한다.”

계모는 의붓딸에게 방적을 위한 섬유 대신에 이끼를 주고, 밀가루 대신에 아궁이의 재를 주고, 기장 대신에 자갈을, 곡물 대신에 톱밥을 주었다. 그들은 의붓딸을 거기서 쫓아내 오두막에 혼자 살게 했다. 의붓딸은 이끼를 묶어서 손에 물렛가락을 잡아 방적하기 시작했다. 문 두드리는 소리가 들렸다. 그녀는 문을 열러 갔다. 문을 여니 거기에는 도적 세 명이 있었다.

“아가씨, 아가씨, 목욕탕을 데워 줘요.”

그녀는 목욕탕을 데웠고 도적들은 목욕탕으로 갔다. 아가씨는 피로그[9]를 빚었는데 그들이 그렇게 명령했기 때문이다. 작은 쥐가 팔딱 뛰었다.

"아가씨, 아가씨, 귀리 가루 반죽을 주세요. 안 좋은 상황에 제가 도움이 될 거예요."

이 아가씨는 귀리 가루 반죽을 주었다. 작은 쥐는 만족해하며 굴로 미끄러져 갔다. 도적들이 목욕탕에서 나왔다. 그녀는 그들에게 먹을 것을 주고 마실 것을 주었다.

"아가씨, 아가씨, 우리와 같이 자러 갈 거지?"

수탉이 꼬꼬댁 하고 울었다. 남자들이 사라졌다. 아가씨는 기뻐했다. 그녀에게 돈 세 자루가 남겨졌다.

다음 날 다시 남자들이 문을 두드렸다. 이 남자들은 다시 명령했다.

"아가씨, 아가씨, 목욕물을 데워."

그들은 목욕탕으로 갔고 아가씨는 피로그를 빚었다. 작은 쥐는 팔딱 뛰었다.

"아가씨, 아가씨, 귀리 가루 반죽을 줘요. 안 좋은 상황에 제가 도움이 될 거예요."

아가씨는 귀리 가루 반죽을 주었다. 작은 쥐는 만족해하며 난로 밑 굴로 숨었다.

---

9) 피로그는 러시아식 만두인데 안에 고기, 과일, 양배추, 잼 등으로 소를 넣고 굽는다.

남자들은 목욕탕에서 나왔다. 그녀는 그들에게 먹을 것과 마실 것을 주었다.

"아가씨, 아가씨, 우리와 잘 거지?"

"잠깐만요, 설거지만 하고요."

작은 쥐는 아가씨를 작은 점으로 변신시키고 빗자루 밑에 숨겼다. 수탉은 꼬꼬댁 하고 울었고 남자들은 다시 사라졌다.

엄마와 동생은 말했다. "가서 그 아이를 데리고 오자, 아마 이미 거기서 죽었을 거야. 가서 뼈라도 가지고 오자." 그들은 오두막으로 갔는데 그녀는 거기서 부유한 성직자의 아내처럼 잘 지내고 있었다. 의붓딸에게 말했다.

"언니, 여기서 어떻게 지내? 어디서 그 많은 돈을 구했어? 가르쳐 줘."

그녀는 계모에게 말했다.

"친딸이 거기에 살게 데리고 가세요."

그들은 돈을 들고 집으로 왔는데 셋이서 겨우 들어 날랐다.

친딸은 말했다.

"나 거기 갈 거야. 언니 나에게 가르쳐 줘."

어머니는 옷을 입히고 자신의 딸을 거기에 보냈다. 계모는 자신의 딸에게 실을 잣기 위한 섬유를 주고 호밀 가루, 피로그를 빚을 밀가루, 좋은 귀리, 곡물, 귀리 가루 등 모든 것을 자신 딸에게 주었다. 그녀는 말을 타고 그리로 갔다. 의붓딸은 귀담아들을 말을 했다.

"있잖아, 도적들이 와서 목욕물을 데워 달라고 청할 거야. 목욕물을 데우고 피로그를 빚으면 작은 쥐가 와서 귀리 가루 반죽을 청할 거야. 그러면 작은 쥐를 빗자루로 쳐."

이 아가씨는 앉아서 만족스럽게 실을 잣고 있었다(돈을 얻으러 왔던 것이다). 문 두드리는 소리가 들렸고 이미 그들은 와 있었다. 가서 문을 열었다. 거기에는 도적들이 있었다.

"아가씨, 아가씨, 목욕물을 데워, 피로그를 빚어 줘."

그녀는 목욕물을 데웠고 그들은 목욕탕으로 갔다. 작은 쥐가 팔딱 뛰었다.

"아가씨, 아가씨, 귀리 가루 반죽을 줘. 안 좋은 상황에 내가 도와줄게요."

그녀는 작은 쥐의 머리를 빗자루로 쳤다. 작은 쥐는 찍찍 소리를 내며 겨우 살아서 굴로 도망갔다. 이 노인들은 목욕탕에서 나와 차를 마시고 피로그를 다 먹어 치웠다.

"아가씨, 아가씨, 자러 올 거지?"

그녀는 자러 갔다. 그들은 그녀를 계속 때리고 겨우 숨만 붙어 있게 했다. 노인들은 떠났고 그녀에게 아무것도 남기지 않았다. 아가씨는 겁을 먹고 생각했다. '그들은 이제 나를 죽이러 돌아올 거야.' 그들은 다시 와서 문을 두드렸다.

"아가씨, 아가씨, 목욕물을 데우고 피로그를 빚어."

그들은 목욕탕으로 갔고 그녀는 피로그를 빚기 시작했다. 작은 쥐가 달려와서 화도 내지 않고 다시 말했다.

"아가씨, 아가씨, 귀리 가루 반죽을 줘요. 안 좋은 상황에 제가 도울게요."

그녀가 작은 쥐를 때리자 쥐는 찍찍 소리를 내며 굴로 도망갔다.

"너는 나를 죽였으니 구원받을 수 없어." 불쌍한 작은 쥐는 죽었다.

노인들은 목욕탕에서 나와서 먹고 마셨다.

"아가씨, 아가씨, 자러 와."

아가씨는 자러 갔다. 그들은 그녀를 때리고 다리를 자르고 가슴을 도려냈으며 가슴은 창틀에 놓고 다리는 발코니에 두었다.

어머니와 의붓딸은 두세 마리의 말을 타고 그녀를 데리러 갔다.

"이봐, 저기에 나의 딸이 창문에서 하얀 빵을 식히고 있네."

그들이 도착했을 때 딸은 이미 죽어 있었다. 엄마는 즉시 쓰러졌다. 그런 다음 엄마는 뼈를 모두 모아 썰매에 싣고 집으로 가지고 갔다. 집에 와서 둘이서 살기 시작했다. 의붓딸은 사랑하는 딸이 되었다. 지금도 거기서 살고 있다.

착한 소녀 바르베이

세 자매가 살고 있었다. 하나는 더러운 아이 바르베이였다. 그녀는 한 번도 나간 적이 없고 페치카 위에만 누워 있었다. 다른 자매들은 버섯이나 딸기를 따러 다녔다. 바르베이는 페치카에서 기어 내려와 그들 뒤를 따라 버섯을 따러 갔다. 자매들은 그녀를 전혀 좋아하지 않았다. 그들이 거기서 딸기, 버섯을 모으고 돌아가려 하자 바르베이는 그들보다 앞서 빨리 집으로 달려갔다. 와서 페치카로 올라갔다. 언니들은 숲에서 뒤이어 도착했다.

"언니들, 버섯과 딸기를 가지고 왔어?" 바르베이가 페치카에서 물었다.

"어머, 더러운 아이 바르베이, 페치카에 앉아 있어. 안 그러면…." 그리고 그들은 그녀를 때렸다.

다음 날 아침 다시 자매들이 나갔다. 그녀는 말했다.

"나도 데리고 가, 언니."

"어머, 말도 안 되는 소리. 너를 데리고 어디를 가란 말이야? 페치카 위에 있어."

언니들은 갔고 그녀는 뒤쫓아 갔다. 언니들이 계속 걷다 보니 양이 진흙에 누워 있었다.

"어머, 얘들아, 나를 일으켜 줘."

"어머, 누워 있어, 쓸데없는 소리 말고, 거기 누워 있어. 우리는 옷을 더럽히지 않을 거야. 너를 들어 올려 주지 않을 거야."

지나쳐 조금 더 가니 노인이 누워 있었다.

"어머, 얘들아, 나를 일으켜 줘."

"어머, 일으켜 주지 않을 거예요. 거기 누워 계세요, 옷을 더럽히고 싶지 않아요."

이제 더러운 아이 바르베이가 지나갔다.

"얘야, 나를 일으켜 줘." 양이 말했다.

그녀는 진흙에서 양을 일으켜 주었다. 지나쳐 조금 더 갔다. 노인이 누워 있었다.

"어머, 얘야, 나를 일으켜 줘."

그녀는 그를 일으켜 주었다. 그녀는 집으로 달려갔다. 이 더러운 아이 바르베이는 다시 페치카 위로 올라갔다. 언니들은 숲에서 돌아왔다(딸기, 버섯을 가지고). 언니들은 그녀에게 말했다.

"더러운 아이 바르베이야, 내일 교회에 예배가 있어, 그러니 너는 페치카 위에 있어."

다음 날 언니들은 교회에 가려고 옷을 입었다.

"어머, 언니들, 나를 교회에 데리고 가 줘."

"어머, 우리가 너를 어디에 데리고 가. 더러운 아이 바르베이를 교회에 데려가다니, 창피하게."

"어머, 데리고 가지 마, 취소할게. 때리지만 마."

바르베이는 교회에 쫓아가기로 결심했다. 바르베이가 들에 가서 작은 돌을 두드리자 거기서 노인이 올라왔다. 그는 황금 옷을 주었다. 바르베이는 교회로 갔다. 사제가 노래하지 않았고 예배도 진행되지 않았다. 모두들 이 고귀한 아가씨를 쳐다보고 있었다. 이 아가씨 바르베이는 빨리 돌아가야 해서 다른 사람들보다 앞서 교회에서 나와 말을 타고 집으로 갔다. 언니들이 그녀 앞에서 걸어가고 있었다. 그녀는 그들을 추월했고 채찍을 휘둘러 때렸다. 바르베이는 돌로 두드리고 말을 남기고 옷도 벗어 남겨 두었다. 그녀는 집에 와서 다시 페치카 위로 갔다.

언니들이 도착했다.

"어머, 더러운 아이 바르베이야, 오늘 교회에 황금 옷을 입은 아가씨가 왔단다. 사제도 예배를 보지 않았고 그 누구도 기도를 하지 않았단다. 모두들 그녀를 바라봤어."

"나도 있었을까?" 바르베이가 말했다.

"어머, 세상에, 너는 저기에 있었지." 그리고 다시 페치카 위에 있는 그녀를 때렸다. "내일 다시 예배 보러 갈 거야." 그들이 말했다.

언니들은 다시 교회로 갔다.

"언니들 오늘 나를 데리고 가 줘."

바르베이는 다시 교회로 뒤쫓아 갔다. 다시 가서 돌을 두드리고 별 같은 드레스를 받았다. 바르베이는 다시 말을 타고 교회로 갔다. 다시 교회는 환해졌는데 옷이 빛나고 있었다. 이반 왕자는 이 아가씨가 서 있는 교회 바닥에 타르를 발랐다. 아가씨의 오버슈즈가 여기에 남았다. 그리고 또 이반 왕자는 문장이 새겨진 개인 반지로 이 아가씨의 이마를 쳤다.

모두들 교회에서 나갔다. 아가씨는 다시 말을 타고 갔다. 다시 언니들을 추월했다. 한 언니를 찰싹 때리고 다른 언니도 찰싹 때렸다.

그녀는 빨리 옷을 갈아입고 다시 페치카 위로 올라갔다. 언니들이 교회에서 도착했다.

"아, 어쩜, 더러운 아이 바르베이야, 오늘 고귀한 아가씨가 왔단다. 모두들 그녀만 쳐다봤어."

바르베이가 말했다.

"내가 있었을까?"

언니들은 페치카 위에 있는 그녀를 때리기 시작했다.

"아이고, 때리지 마, 취소할게."

바르베이의 이마에는 붕대가 감겨져 있었다. 언니들이

말했다.

“더러운 아이 바르베이야, 네 이마에 왜 붕대가 감겨져 있는 거야?”

“버섯 따러 다녀왔는데 다쳤어.” 그녀가 말했다.

“오늘 이반 왕자님이 여기저기에서 자신의 신붓감을 찾고 있어. 그는 타르 칠이 되어 있는 오버슈즈를 모든 사람들의 발에 신겨 보고 있는데 맞는 사람이 아무도 없어. 이제 우리 집에 그 오버슈즈를 재 보려고 올 거야. 이반 왕자는 오버슈즈가 맞는 여자와 결혼할 거야.”

바르베이는 페치카 위에서 머리가 아팠다. 그가 와서 두 언니에게 오버슈즈를 신겨 보았지만 그들의 발에 맞지 않았다.

“당신 집 페치카 위에 있는 사람은 누구요?” 이반 왕자가 말했다.

“어머, 거기에는 우리 더러운 아이 바르베이가 있어요. 그녀와는 연결시키지 마세요.”

“아니요, 그녀를 데려오게 해야 해요.” 그가 말했다.

바르베이는 이마에 붕대를 감은 채 페치카 위에서 내려왔다. 그가 오버슈즈를 신겨 보았는데 바르베이의 발에 딱 맞았다. 바르베이는 이마의 붕대를 풀었고 이반 왕자는 그녀에게 열십자로 키스를 했지만 자신이 이렇게 더러운 여자와 결혼을 해야 하는지 겁을 먹었다. 바르베이는 이반 왕자에게 말했다.

"여기 앉아 계세요."

바르베이는 순수한 들, 참나무 숲으로 가서 열십자로 돌을 두드렸다. 말이 나타났는데 그녀만을 바라보는 것이 그림 같았다. 바르베이는 옷을 입고 미녀가 되었다. 그녀는 말을 타고 황제의 궁전으로 갔다. 거기서 황제와 왕자는 이미 그녀를 마중 나와 있었다. 그들은 그녀의 팔짱을 끼고 집으로 데리고 들어갔다. 그녀는 눈을 뗄 수 없을 정도로 아름다웠다.

언니들은 결혼식에 초대되었다. 결혼식이 거행되었다. 그들은 오늘날에도 거기에 살고 있다. 더 이상 할 이야기가 없다.

남매

옛날 옛적에 노부부가 있었다. 노부부에게는 남매가 있었다. 어머니는 죽어 갔다.

"아들딸아, 나에게 가까이 오너라. 내가 죽어 가고 있구나, 그러므로 너희는 서로서로의 말을 귀담아들어야 한다."

그러나 딸은 내내 유리방에 앉아서 아무것도 하지 않았다. 아들은 사냥하러 가서 새를 잡아 왔다.

아들은 바바 야가의 딸을 아내로 삼았다. 아내가 임신을 했고 남자아이를 낳았다. 오빠는 숲으로 가서 동생에게 물었다.

"동생아, 내가 숲으로 가야 하니?"

"가, 오빠."

한편 오빠의 아내는 시누이를 전혀 좋아하지 않았다. 여동생은 내내 앉아서 먹고 마시기만 했다. 오빠의 아내는 헛간으로 가서 소를 죽였다.

오빠가 사냥에서 돌아와 말했다.

"동생아, 안녕."

"안녕, 오빠."

그러자 아내가 말했다.

"사랑스러운 여동생과 다정한 오빠에게는 좋은 소 한 마리가 있었어요. 그런데 그 소를 여동생이 죽였어요."

"내가 가서 소를 데리고 올게." 오빠가 말했다.

오빠는 다시 아침에 사냥하러 갔다.

"동생아, 다녀올게."

"가, 오빠."

좋은 종마가 있었는데 아내가 가서 죽였다. 오빠는 집으로 왔다.

"동생아, 안녕."

"안녕, 오빠."

그는 아직 아무것도 알지 못했다. 그런데 이야기를 듣고 나서 오빠가 말했다.

"용서합시다. 내가 이 말들을 구해 오겠소, 그러면 모두 괜찮아질 거요."

오빠는 자고 나서 다시 숲으로 갔다. 아내는 자신의 친아들을 찔러 죽였다. 오빠가 왔다.

"안녕, 동생아."

"안녕, 오빠."

"사랑스러운 여동생과 다정한 오빠에게는 하나의 핏줄이 있었지만 그 아이를 여동생이 죽였어요."

오빠는 여동생에게 가서 말했다.

"옷을 입어. 축제에 가자."

"오빠, 어떤 옷을 입으란 말이야?"

"검은 옷을 입어." 그가 말했다.

오빠는 말을 매고 여동생을 썰매에 태워 갔다. 그들은 계속 갔다. '만약 여기서 죽이면 개들이 짖을 테고, 사람들이 오고가고, 새들이 날아다닐 거야.' 그는 곧 죽이지 않고 계속 더 갔다. 무성한 수풀로 들어가서 말을 멈췄다.

"썰매에서 내려."

여동생은 썰매에서 내렸다. 그는 그녀를 여기서 죽이려고 했다.

"오빠, 나를 죽이기보다 나의 손과 발을 자르는 것이 더 나아. 수건으로 눈을 가리고 가."

오빠는 손과 발을 자르고 거기에 남겨 두었다. 자신은 말을 돌려 집으로 갔다. 그는 집으로 만족스러운 마음으로 왔고 아내는 기뻐했다. 그렇게 그들은 살았다.

아가씨는 목이 말랐다. 그루터기를 움직여 보니 우물이었다. 그녀는 너무나 목이 말라 울었다. 옆에 우물이 있는데 마시지 못하고 우물 모서리에서 울었다. 거기서 누군가가 일어나 말했다.

"손을 줘."

그녀는 말했다.

"어떻게 줘? 난 손이 없는데."

"그루터기를 이리로 넣어." 그녀는 그대로 했다.

신이 그녀에게 손을 주었다.

"이리로 다리를 줘." 그가 말했다.

그녀는 다리를 그리로 넣었다. 그러자 신이 그녀에게 다리를 주었다. 이 아가씨는 집으로 갔다. 그녀는 걷고 또 걸었다. 자신의 오빠와 올케에게 자고 가게 해 달라고 부탁했다. 올케는 내키지 않아 하며 들였고 오빠는 기꺼이 들였다. 그들은 그녀를 몰라 봤다. 그들은 그녀가 묵고 가게 해 주었고 마실 것과 먹을 것을 주었다. 오빠가 말했다.

"당신은 어떤 사실을 알고 있나요?"

이 아가씨는 자신의 슬픔을 이야기하기 시작했으며 자신에 대해 모두 말했다.

"노부부가 살았어요. 노부부에게는 남매가 있었죠. 어머니는 돌아가시게 되었어요. '아들과 딸아, 나에게 다가오너라'라고 어머니는 말씀하셨어요. '내가 죽으면 너희는 서로의 말에 귀를 기울여라.' 딸은 유리방에만 앉아서 아무것도 하지 않았어요. 아들은 사냥하러 다니며 새를 잡아 왔죠. 아들은 바바 야가의 딸과 결혼했어요. 아내는 임신을 하고 남자아이를 낳았죠…."

그렇게 그녀는 모든 것을 말했다. 올케는 말했다.

"말도 안 돼, 말도 안 돼."

오빠는 자신의 아내를 잡아서 종마의 꼬리에 묶어 순수한 들판, 초록이 우거진 참나무 숲으로 보냈다. 그녀의 다리가 떨어진 곳에는 바위가 있게 되었고 눈이 떨어진 곳에는 늪이 생겼다.

황금 소년

옛날 옛적에 노부부가 있었다. 그들에게는 세 딸이 있었다. 이 딸들은 저녁마다 목욕탕에 아마를 가지런히 정돈하러 다녔다. 이반 왕자는 목욕탕 탈의실에서 그들이 말하는 것을 들었다. 맏언니가 말했다. “만약 이반 왕자가 나와 결혼한다면 나는 하나의 섬유로 세 벌의 다양한 드레스를 뜰 수 있을 텐데.” 둘째가 말했다. “만약 이반 왕자가 나와 결혼한다면, 나는 하나의 반죽으로 세 가지 다양한 빵을 구울 수 있을 텐데.” 셋째가 말했다. “만약 이반 왕자가 나와 결혼한다면, 나는 곧 (하나의 배에서) 세 명의 용사를 낳고 그 아이들 모두 황금색 머리카락과 은색 머리카락을 한 올씩 갖고 태어날 텐데.”

이반 왕자는 막내딸과 결혼했다. 아내는 임신했다. 세 아들을 낳았는데 머리카락 한 올은 황금색이고 또 한 올은 은색이었다. 그녀는 아이들을 낳고서 이반 왕자에게 지시했다.

“이반 왕자님, 산파를 찾아 주세요. 바바 야가를 데리고 오시면 안 돼요.”

이반 왕자는 길을 떠났고 바바 야가가 마주 오다 말을 걸었다.

"안녕하세요, 이반 왕자님. 멀리 가세요?"

"산파를 찾으러 가네."

"저를 데리고 가세요."

"바바 야가는 데리고 오지 말라고 했소."

그녀는 다시 말했다.

"얼마든지 가 보세요, 여기는 온통 바바 야가뿐일 테니."

바바 야가는 숲으로 갔고 이반 왕자는 길을 떠났다. 바바 야가가 다시 이반 왕자를 마주 보고 오고 있었다. 그는 바바 야가를 산파로 데리고 갔다. 바바 야가는 아이들을 목욕탕으로 데리고 갔다가 숨겼다. 그러나 아내는 목욕탕으로 두 아이만 보냈고 셋째 아이는 오른쪽 가슴 밑에 두었다. 바바 야가는 목욕탕에서 나와서 이반 왕자에게 말했다.

"보세요, 세 용사를 낳았다고 했는데, 이 아이들은 강아지 새끼군요."

이반 왕자는 철 테를 두른 통을 만들어 거기다 아내를 넣고 오네가에 던졌다.

이반 왕자는 바바 야가의 딸과 결혼했다. 그들은 함께 살기 시작했다.

한편 흔들거리는 통에서 남자아이는 큰 청년으로 자랐다.

"어머니, 저는 다리를 뻗을 거예요."

"아가야, 그럴 수 없단다. 우리는 깊은 곳에 있어."

그들은 기슭으로 다가갔고 땅이 바스락 소리 내는 것을 들었다. 그들은 기슭에 부딪쳤다. 소년은 다리를 뻗었고 통은 박살이 났다. 어머니와 아들은 거기서 나왔다. 다 자란 청년은 잘생긴 외모를 지녔고 머리카락 한 올은 황금색이고 또 한 올은 은빛이었다. 어머니는 말했다.

"아들아, 여기서 어떻게 살아갈까?"

아들은 말했다.

"엄마, 주무세요. 걱정 마시고요."

밤에 잠을 잤다. 아침에 일어나 보니 매우 좋은 집이 지어져 있었다.

"이제 우리는 매우 잘 살게 되었구나. 우리에게 너의 아버지만 있으면 좋을 텐데."

이 청년이 가서 돌을 두드리니 그들에게 젊은 남자들, 그의 형제들, 그리고 아버지도 왔다. 그들은 서로 인사를 나누고 거기서 살기 시작했다. 모두 함께.

신부 나스텐카

옛날 옛적에 노부부가 있었다. 그들에게는 남매가 있었다(이름은 알지 못한다). 여기에 다른 지역에서 온 청년이 살았는데 그는 진흙으로 그릇을 빚었다. 이 청년은 아가씨와 사귀었다. 어머니와 아버지는 죽어 갈 때 아들에게 말했다.

"아들아, 누이를 멀리 시집보내지 마라."

누이는 말했다.

"어쨌든 나는 갈 거야. 나는 3년 동안 그와 사귀었어. 묻지 않고 갈 거야."

이 청년은 친척들을 모아 자신의 고향으로 갔다. 아가씨는 자기의 모든 재산을 가지고 오네가 기슭, 소나무 옆에 가서 청년을 기다렸다. 그러나 오빠는 누이를 시집보낼 생각이 없었고 톱장이 청년들에게 말했다.

"만약 가능하면, 나의 누이가 남게 해 주세요. 당신들에게 그 아이를 시집보낼게요."

톱장이 청년들은 비열한 사람들이었지만 아가씨는 좋은 사람이었다.

보다시피 신랑 일행은 세 척의 배를 타고 그녀를 데리러 왔다. 그들은 타오르는 여름날에 와서 아코디언 연주에 맞춰 춤을 추며 기슭으로 나왔다.

톱장이 청년들이 아가씨에게 잠의 바늘을 꽂자 그녀는 즉시 모래에 쓰러졌다. 신랑은 도착해서 뛰어 내려와 그녀를 깨우고 흔들더니 물속으로 데리고 갔다. 그녀는 일어나지 못했다. 신랑은 물었다.

"나에게 시집오고 싶지 않은 거예요?"

사람들은 그녀를 남겨 두고 배를 돌려서 떠났다.

그들이 떠나자마자 아가씨는 벌떡 일어났고 바늘이 빠졌다. 그녀는 이름을 부르며 물속으로 따라갔다. 그리고 물었다.

"또 온다고 약속했나요?"

톱장이들은 대답했다.

"내일 여섯 척의 배를 타고 오겠다고 약속했어요."

다시 그들은 타오르는 여름날에 여섯 척의 배를 타고 와서 아코디언 연주에 맞춰 춤을 추고 노래를 하며 나타났다. 그들은 기슭으로 나왔다.

톱장이 청년들은 다시 잠의 바늘을 아가씨에게 꽂았고 그녀는 다시 모래 위에 누웠다. 신랑은 뛰어 내려와 다가가서 그녀를 깨우고 흔들며 물속으로 데리고 갔지만 그녀는 일어나지 못했다. 신랑은 물었다.

"나와 결혼하고 싶지 않은 건가요?"

그들은 그녀를 남겨 두고 배를 돌렸다. 청년들은 바늘을 뺐다. 아가씨는 벌떡 일어나 물었다.

"벌써 왔었어요?"

톱장이 청년들은 그들이 왔다가 떠났다고 말했다. 그녀는 이름을 부르며 물속으로 걸어갔다. 그녀는 물었다.

"또 온다고 약속했나요?"

"내일 아홉 척의 배를 타고 온다고 약속했어요."

다시 그들이 아홉 척의 배를 타고 춤을 추고 아코디언을 연주하며 노래를 부르고 왔다. 그들은 기슭으로 다가왔다. 청년들은 다시 아가씨에게 잠의 바늘을 꽂았다. 그녀는 다시 모래 위에 누웠다. 신랑은 다시 와서 그녀를 깨우고 흔들고 물속으로 데리고 갔지만 그녀는 일어나지 못했다. 다시 그들은 떠났다. 청년들은 잠의 바늘을 뺐다. 아가씨는 벌떡 일어나 물었다.

"벌써 왔었나요?"

청년들은 왔다 떠났다고 말했다. 그녀는 작별을 고하고 자신의 모든 재산을 회수해서 기슭을 따라 걸어갔다. '어쨌든 나는 그들에게 시집가지 않을 거야.' 그녀는 생각했다. 강 맞은편 냇가에 담수어가 있었는데 밧줄에 매여 있었다. 물고기가 말했다.

"나스텐카, 나를 풀어 줘. 만약 풀어 주면 안 좋은 상황에 내가 도움이 될 거야."

그녀는 담수어를 놓아주었다. 그녀는 걷고 또 걸었다. 가다 보니 토끼가 밧줄에 얽혀 있었다. 토끼가 말했다.

"나스텐카, 나를 풀어 줘. 만약 풀어 주면 안 좋은 상황에 내가 도움이 될 거야."

그녀는 토끼를 풀어 주었다. 그리고 계속 걸었다. 맞은편에 곰이 그물에 걸려 있었다.

"나스텐카, 나를 풀어 줘."

나스텐카는 말했다.

"나를 잡아먹을 거잖아."

곰은 대답했다.

"잡아먹지도 건드리지도 않을게."

그녀는 곰을 풀어 주었다. 그리고 계속 걸었다. 맞은편에 커다랗고 검고 넓은 강이 있었다. 그녀는 계속 서 있었다. '어떻게 하지?' 그때 담수어가 헤엄쳐 다가와 말했다.

"나스텐카, 내 위에 타고 아가미를 잡아."

담수어는 그녀를 저쪽 기슭으로 건네주었다.

그녀는 계속 걸었다. 맞은편에 질퍽질퍽한 늪이 있어서 건너갈 수가 없었다. 토끼가 뛰어와서 말했다.

"내 위에 타고 귀를 잡아."

토끼는 뛰어서 마른 장소로 데리고 갔다. 그녀를 풀어 주었다. 두 가지 불행에서 그녀는 빠져나올 수 있었다.

그녀는 계속 걸었다. 무성한 숲을 만났는데 비집고 들어갈 수가 없었다. 곰이 와서 무성한 숲에 오솔길을 만들어 주었다. 그녀는 지나갔다.

그녀는 계속 걸었다. 오두막을 만났는데 돌고 있었다. 아가씨는 말했다.

"태양 쪽으로 얼굴을 돌리고 나에게 입구가 오게 해 다오."

오두막은 멈췄고 그녀는 들어갔다. 집으로 들어가자 신랑의 어머니가 물었다.

"어디서 왔고 누구의 자식이냐?"

그녀는 대답했다.

"아주머니, 저는 먹고 마실 여력이 없어요. 이미 물어보셨어요."

신랑이 들어와서 냄새를 맡더니 말했다.

"어머니, 신선한 냄새가 나는군요(아가씨는 장에 숨어 있었다)."

어머니가 말했다.

"그녀가 왔구나."

청년은 말했다.

"그녀가 어떻게 여기까지 통과해 올 수 있었죠? 여기에는 무성한 숲과 강이 있는데요?"

어머니는 반복했다.

"그녀가 왔다니까." 그리고 그녀는 아가씨를 장에서 내보냈다.

아가씨는 펄쩍 뛰어서 그에게 다가가 키스를 했다. 그들은 어머니 집에서 대접을 받고 말을 타고 신랑 집으로 갔다. 이야기는 여기서 끝이다.

청년이 새를 아내로 삼다

노부부가 살았다. 노부부에게는 아들 하나가 있었다. 어머니는 죽었고 아버지는 죽어 갔다. 그는 아들을 불렀다.

"아들아, 이제 나는 죽는구나. 너는 부지런하게 살아라. 보습들이 빛이 나게 해라, 빵에 꿀을 발라 먹을 수 있게 일해라."

아버지는 죽었다. 아들은 매일 보습들을 갈았다. 아버지는 빵에 꿀을 발라 먹게 되도록 그렇게 일하라고 지시했다. 아들은 말했다. "힘을 다해 일하고 밭을 갈아 보도록 하라는 거야." 청년은 열의를 다해 일했고 빵은 달콤했다. 그는 말했다. "아버지는 사실을 말했어. 열심히 일하면 빵은 달콤해지는 거야."

아버지는 또 다른 지시를 했다. "아들아, 결혼을 하려면 첫 번째로 마주 오는 여자를 잡아라." 아들은 결혼을 고려했다. 그는 무기를 들고 사냥을 떠났다. 걷다 보니 그에게 마주 오는 새가 있었다. 그는 새를 쏘려고 했지만 그 새는 그의 어깨에 앉았다. 청년은 말했다.

"아버지는 첫 번째로 마주 오는 여자를 잡으라고 했어. 나는 이 새를 데리고 가야겠군."

그는 이 새를 집으로 데리고 왔다. 그들은 함께 살았다. 새는 가능한 일을 했다. 그렇게 벌써 3년을 살았다.

청년은 이웃 할머니에게로 갔다. 그리고 말했다.

"나는 새를 아내로 데리고 왔어요. 아버지가 그렇게 시켰어요."

이 할머니는 그에게 지시했다.

"리넨을 가지고 가게, 그리고 내일 윗도리와 긴 속바지를 지어 달라고 하게."

청년은 집으로 와서 그녀에게 천을 주고 윗도리와 긴 속바지를 지어 달라고 했다.

"나는 당신을 안주인으로 집에 데리고 왔소."

청년은 숲에 사냥하러 갔다. 그러자 새는 고귀한 아가씨로 변했다. 본모습인 아가씨가 된 것이다. 그리고 그에게 줄 윗도리와 긴 속바지를 지어 옷걸이에 걸어 두었다. 그녀 자신은 다시 새로 변했다. 청년이 집으로 왔더니 속옷 한 벌이 지어져서 옷걸이에 걸려 있었다.

청년은 이웃집 할머니에게로 달려갔다.

"할머니, 그 새가 속옷 한 벌을 지었어요."

할머니는 지시했다.

"내일 다시 속옷을 지으라고 하고 자네는 1년 된 회초리들을 가지고 와서 숲에 간다고 말해, 그다음에 문 뒤에서 지켜보게."

아가씨는 윗도리, 긴 속바지를 짓고 밖으로 나갔다. 청년은 문 뒤에서 매우 아름다운 아가씨를 보았다. 그녀가 다시 새로 돌아오려고 하자 청년은 그녀를 잡아 회초리로 때리기 시작했다. 아가씨는 온갖 피조물, 즉 뱀이나 늑대 등으로 변했다. 그런 다음 물렛가락으로 변했다. 청년이 말했다.

"뒤에는 황금 산이 있고 앞에는 젊은 아내가 있다."

그는 물렛가락을 잡고 산산조각을 내어 그루터기 밑에 쑤셔 넣었다. 아가씨는 본래 모습으로 돌아갔다.

그들은 다시 살아가기 시작했다. 새색시는 말했다.

"바뉴샤, 당신은 저를 일찍 깨웠군요."

그들은 그렇게 함께 살았다. 그러나 저 먼 낯선 땅에 이 청년에게 아름다운 아내가 있다는 소문이 퍼졌다. 사람들은 아가씨를 다른 나라로 데리고 가려고 했다. 그들에게는 바바 야가의 부하들이 있었다.

그들은 바뉴샤를 황제에게 불러들였다.

"바뉴샤야, 네가 아이용 자루를 찾을 수 있다고 하더구나."

청년은 말했다.

"아닙니다, 저는 못 합니다."

그는 새색시에게 와서 말했다.

"사람들이 나에게 그렇게 하라고 지시했어."

아내는 그에게 어디서, 어떻게 찾는지를 가르쳐 주었다.

"길을 떠나세요, 거기에 회색 말로 경작하는 사람들이 있을 거예요. 당신은 머리카락을 세 가닥 뽑으세요."

그는 아이용 자루를 가지러 갔다. 그러나 땅 전체가 떨고 있었다.

"어머니 대지여, 떨지 마시오. 당신에게 선물을 가지고 왔어요."

그리고 그가 거기에 머리카락을 던지니 거기서 자루들, 상자 하나가 나왔다. 청년은 상자를 머리에 이고 황제에게 가지고 갔다. 현관에서 하인들이 기다리고 있었다.

"우리가 가지고 가겠다."

청년은 말했다.

"찾은 사람이 가지고 가겠소."

그는 이것을 가지고 갔다.

황제는 화를 냈다. '어떻게 하면 그의 목을 벨 수 있지?' 그리고 다시 이 청년은 집으로 갔다.

하인들은 다시 청년을 죽이지 못하면 이 새색시를 데리고 오지 못한다고 언급했다.

다시 황제는 말했다.

"바뉴샤, 너는 황제의 식사를 준비할 수 있겠지. 새의 젖만 제외하고 모든 것을 주도록 하겠다."

청년은 집으로 와서 아내에게 전부 이야기했다. 아내는 말했다.

"당신이 너무 빨리 저를 깨웠다고 말했잖아요. 문제가 많을 거예요. 주무세요."

아내는 어딘가로 가서 그 전에 훌륭한 식사를 준비했다. 새의 젖을 제외하고 모든 것이 있었다.

"가지고 가세요, 바바 야가들이 가지고 가게 하지 마세요."

청년은 그것을 가지고 갔다. 바바 야가들은 이미 현관에 앉아 있었다.

"바뉴샤, 우리가 가지고 갈게."

"안 됩니다. 줄 수 없어요. 가지고 온 사람이 가지고 가겠어요."

황제는 말했다.

"어떻게 그의 머리를 벨 수 있는 거야. 그는 정말 지시한 식사를 해 가지고 왔잖아."

청년은 다시 집으로 왔다. 얼마간의 시간이 흘렀고 청년은 다시 황제에게 불려갔다.

"바뉴샤, 너는 살아 있는 거위를 만드는 능력이 있다던데."

청년은 걱정이 되었다.

"할 수 없습니다."

그러나 그들은 말했다.

"만들지 못한다면 너를 죽이는 수밖에."

청년은 나스타샤 프레크라스나야[10]에게 말했다.

"거봐요, 당신이 일찍 저를 깨웠다고 말했잖아요. 가서 한 달간의 시간과 두 노파를 달라고 하세요. 그들이 필요할 거예요."

두 노파가 왔다. 청년과 그들이 떠날 때 아내는 뭔가를 손수건에 담아 주었고 뭔가를 써 주었다. 그녀는 그것들을 고향으로 보냈다. 그들이 걸어가는 데 얼마간의 시간이 걸렸다. 오두막을 만났다.

"오두막아, 오두막아, 태양 쪽으로 이마를 대고 우리 쪽으로 문을 대 다오."

오두막이 멈췄다. 그들은 오두막으로 들어갔다.

"이런, 이런. 33년을 살았지만 러시아 영혼은 보지 못했는데, 러시아 영혼이 나타났군."

청년이 말했다.

---

10) 최상의 미녀, 절세미녀를 가리킬 때 러시아 민담에서는 이름 뒤에 프레크라스나야라는 별칭을 붙인다.

"할머니, 입 다물어요. 시간 없으니 서둘러서 소리쳐 주세요."

노파가 물었다.

"너희들은 어디서 왔느냐?"

청년은 말했다.

"여기서 살아 있는 거위를 만든다고 들었어요."

노파가 말했다.

"나의 아들들이 만들지. 지금 아들들이 오는데 너희를 어디에 숨기지? 그 아이들은 너희를 잡아먹을 거야."

할머니는 한 여자를 겨드랑이 밑에 놓고 다른 여자를 다른 겨드랑이 밑에 두었으며 청년은 머리 꼭대기에 두었다.

아들들이 숲에서 왔다.

"왠지 러시아 영혼이 오두막에 있는 것 같아."

"여기에 사람들이 있었어." 어머니가 말했다. "살아 있는 거위를 만들어 달라더군."

"왜 그들을 보내 준 거야?"

"기다려, 입구로 가서 그들에게 소리칠게."

그녀가 가서 몸을 흔들자 그들이 나타났다. 그들은 오두막 안으로 왔다. 청년들은 물었다.

"왜 온 거야?"

"너희들은 살아 있는 거위를 만들 수 있지?"

청년들이 대답했다.

"일단 우리는 먹고 마실 거야, 그리고 거위를 만들지."

그들은 먹고 마신 다음 만들러 갔다.

"우리에게 불을 밝혀 줄 누군가를 줘."

어머니는 노파들 중 하나를 보냈다.

"와서 앉아, 그리고 우리에게 불을 밝혀 줘. 졸지 마. 졸면 뺨을 한 대 때릴 거야."

불쌍한 노파는 불을 밝혔고 졸기 시작했다.

"졸았어?"

그들은 그녀의 귀를 때렸다. 그리고 노파를 죽였다.

"우리에게 불을 밝혀 줄 다른 사람을 줘."

두 번째 노파가 갔다.

"졸지 마." 그들이 말했다.

노파는 졸았고 그들이 노파에게 물었다.

"졸았어?"

노파는 말했다.

"졸았어."

그들은 노파의 귀를 때렸고 그녀는 죽었다.

"이제 네가 가."

청년이 갔다.

"네가 왔군. 졸면 너도 똑같이 돼."

청년은 참았지만 결국 졸았다.

"너 졸았지?"

청년은 말했다.

"졸지 않았어."

"그럼 뭐 했어?"

"생각했어."

"무슨 생각을 했어?"

"젖은 땅이 더 많은지, 마른 땅이 더 많은지." 청년은 말했다. "젖은 땅이 더 커."

"기다려, 우리가 재 보고 올 테니. 만약 틀리면 너는 죽게 될 거야."

그들은 가서 재 보았고 젖은 땅이 더 크다는 것을 알았다. 그가 옳았다. 청년은 계속 앉아서 불을 비췄다. 그리고 다시 졸았다. 다시 그 아들들이 물었다.

"졸았지?"

"아냐, 생각하고 있었어."

"무슨 생각?"

"작은 숲이 더 많은지 큰 숲이 더 많은지 생각했어."

"기다려, 우리가 재 볼게." 그들이 말했다.

다시 작은 숲이 더 많다고 그가 생각한 것이 옳다고 입증되었다. 다시 그는 앉아서 그들에게 불을 밝혀 주었다. 그는 다시 졸았다. 그들이 물었다.

"졸았지?"

"아냐." 그가 말했다. "졸지 않았어. 주머니에서 손수건을 꺼냈어."

"손수건 안에 무엇이 있는데?"

그들은 손수건을 잡고 읽었다. 이 사람은 그들의 사위였다.

"아이고, 우리가 늦었군. 저기서 새색시는 약탈당하고 모두들 식탁에 앉아서 잔치를 열려고 기다리고 있군." 그들이 말했다.

그들은 거위를 빨리 만들었다.

"우리 중 누가 더 빨리 가져갈 수 있지?"

하나가 말했다.

"내가 한 시간 안에 가지고 갈 수 있어."

두 번째가 말했다.

"내가 반시간 안에 가져갈 수 있어."

세 번째(그들의 사위)가 말했다.

"내가 눈앞에 놓고 눈을 깜박거리면 순식간에 거기에 도착해 있게 돼."

그는 눈앞에 놓고 눈을 깜박거렸다. 그들은 이미 현관에 있었다. 아가씨는 거기에서 벌써 기다리고 있었다. 그녀는 그가 온 것을 보고 식탁을 넘어 뛰어 건너갔다. 그녀는 거위를 잡아서 놀라고 풀어 주며 말했다.

"거위야, 할 수 있는 만큼 놀아라."

이 거위들은 식탁이 뒤집어질 정도로 놀았고 많은 사람들이 죽었다. 황제는 말했다.

"그들을 멈춰라, 모두들 죽여라."

그녀가 말했다.

"거위들아, 가능할 때까지 놀아라."

황제가 소리쳤다.

"집어치워, 멈춰."

청년은 말했다.

"나를 이 왕국의 황제로 임명해라, 그러면 멈추겠다."

황제는 그를 황제로 임명했고 오늘날 그들은 거기에 살고 있다.

황금 곱슬머리 나스타샤

옛날에 부부가 있었다. 그들에게는 딸 하나가 있었다. 황금 곱슬머리 나스타샤였다. 남편은 말했다.

"돈을 벌기 위해 어디든 가야 해. 돈을 구해 오리다."

남편은 걷다가 목이 말랐다. 그는 우물에 물을 마시려고 몸을 숙였다. 그러자 악마가 그의 턱수염을 잡고 말했다.

"안 놓아줄 거야. 너의 딸 나스타샤를 나에게 시집보낼 거야?"

그는 약속하고 말했다.

"줄게, 놓아만 줘."

그는 풀려났다. 남자는 집으로 와서 아내와 도망갔지만 나스타샤는 집에 남겨 두었다. 나스타샤는 울고 또 울었다.

그들에게는 염소 한 마리가 있었는데 그녀는 염소에게 말했다.

"염소야, 나는 어디로 도망가야 해?"

염소가 말했다.

"짚단에 들어가, 그러면 내가 너를 썰매에 묶어서 숨겨 줄게."

그녀는 짚단 안으로 기어 들어갔고 염소는 그것을 썰매

에 묶고 달렸다.

염소는 썰매를 끌고 가다가 악마와 마주쳤는데 악마가 물었다.

“너는 나스타샤를 보았니?”

“보았어요.” 염소가 말했다. “현관에 앉아 당신에게 줄 실크 윗도리를 짓고 있었어요.”

염소는 다시 계속 걷다가 두 번째 악마와 마주쳤고 그 악마 역시 물었다.

“나스타샤를 봤니?”

“보았어요.” 염소가 말했다. “현관에 앉아서 당신에게 줄 실크 윗도리를 짓고 있었어요.”

다시 염소는 달렸다. 그들은 호수로 도망갔는데 악마들은 거기에 올 수 없었다. 염소가 와서 보니 호수 건너편에 작은 집이 있었고 돌고 있었다.

그 집에 하룻밤을 묵고 가기를 청했다. 작은 집에는 이반 왕자와 바바 야가와 그 딸이 함께 살고 있었다.

“하룻밤을 묵고 가도 될까요?” 염소가 청했다.

“그러세요. 다만 썰매는 헛간에 두세요.”

염소가 말했다.

“거기에 두지 않을 겁니다. 제가 있는 곳에 썰매도 있어야 해요.” 그리고 썰매를 벤치 밑에 쑤셔 넣었다.

이반 왕자는 저녁에 공을 가지고 놀면서 굴렸다. 나스타샤는 공을 잡고 숨겼다. 그들은 여기저기 찾았지만 찾을 수가 없었다. 이반 왕자는 염소에게 말했다.

"네 썰매 안에 누군가가 있어."

그들은 짚단을 풀었고 거기에서 나스타샤를 찾았다. 이반 왕자는 말했다.

"나는 나스타샤를 데리고 가고 바바 야가는 저기에 남겨둘 거야."

그러자 바바 야가의 딸은 나스타샤에게 말했다.

"나와 오네가에 목욕하러 가자."

그들은 오네가로 갔다. 바바 야가는 나스타샤의 목에 돌을 걸었고 그녀는 물에 가라앉았다. 바바 야가의 딸은 돌아와서 이반 왕자에게 나스타샤가 그와 살고 싶지 않아서 도망갔다고 했으며 염소를 죽여서 먹어야 한다고 말했다.

그러자 염소는 말했다.

"나를 놓아줘…."

이반 왕자는 말했다.

"가라."

염소는 호숫가로 가서 나스타샤의 이름을 불렀다. 그녀가 대답했다.

"일어날 수 없어. 큰 돌이 내 목에 걸려 있어."

눈물 자국이 있는 염소가 오자 이반 왕자가 물었다.

"왜 운 거야?"

염소가 말했다.

"나스타샤가 물속에 있는데, 그녀의 목에 큰 돌이 있어요."

이반 왕자가 달려가서 나스타샤를 물 밖으로 끌어냈다. 이반 왕자는 나스타샤를 아내로 삼고 바바 야가와 그녀의 딸을 죽였다.

미녀 아내

상인 부부가 살았다. 그들에게는 아들 하나가 있었다. 아들이 말했다.

"저는 결혼해야겠어요."

"그런데 누구를 데리고 오지? 부잣집 딸은 말고 가난하고 아름다운 여자를 데리고 오자."

아들은 결혼했고 아름다운 아내를 얻었다. 아들은 잘 살았고 그들은 서로서로 사랑했다. 아버지가 아들에게 물었다.

"물건을 사러 리빈스크로 갈 수 있니?"

아버지는 그에게 거룻배 세 척을 주었고 아들은 물건을 사러 떠났다. 아들은 떠나면서 아내에게 황금 반지와 실크 벨트를 주었다. 아들은 리빈스크에 도착해서 거룻배 가득 물건을 싣고 집으로 향했다.

그들은 오네가를 따라갔고 바람이 그들에게 왔다. 그들은 다른 상인들과 카드놀이를 하고 있었다. 그들 사이에 논쟁이 붙었다. 하나가 말했다.

"나는 아내가 그리워."

다른 상인이 말했다.

"그리워하지 마. 자네 아내는 나를 그리워할 거야."

도착해서 그 상인은 마녀에게 지시했다.

"그의 아내에게 가서 그의 벨트를 훔쳐 와."

마녀는 빨리 갔다. 그 여자의 목욕탕에 불이 지펴지고 있었다. 마녀는 새색시와 목욕탕으로 가서 그녀의 벨트를 훔쳤다. 그리고 돌아가 상인에게 주었다. 상인은 남자에게 말했다.

"이봐, 자네 아내는 자네가 남겨 둔 벨트를 나에게 선물했어."

남자는 그가 벨트를 받았다고 믿었다. 그는 술을 마시기 시작했다. 집으로 와서 아내와 인사도 나누지 않고 저녁에 말했다.

"산책이나 나갑시다. 당신에게 모든 것을 말할 테니."

그는 그녀를 속였다. 다리로 데리고 가서 강에 아내를 던졌다.

그녀는 물살에 떠내려가다 어부의 오두막에 부딪쳤다. 어부들이 그녀를 보았고 아직 살아 있다는 것을 알고는 끌어 올렸다. 여자는 매우 아름다웠다. 그녀는 오두막의 안주인이 되었다. 그녀는 어부들을 돕고 물고기로 요리를 했다.

10년 동안 이 남자는 수감되어 있었다. 한편 그의 아내는 황제의 부엌 하녀로 들어갔다. 매우 나이 든 황제는 이 여자가 마음에 들었다. 그녀는 매우 아름다웠기 때문이다. 황제는 수감된 사람들을 보기 위해 감옥으로 갔다. 그러자 여자가 황제에게 말했다.

"나리, 저를 수감자들을 보는 곳에 데리고 가 주세요. 그들이 어떤 사람인지 보고 싶어요."

그녀는 감옥으로 갔고 남편이 거기에 있는 것을 보았다. 아내는 물었다.

"이름이 뭐죠?" 그녀가 말했다. "정말 당신이 저의 남편이군요."

남편은 무릎을 꿇고 울며 통곡했다.

"정말 당신이 나의 아내란 말인가?"

그녀가 말했다.

"나리, 이 사람은 제 남편입니다. 그는 제가 물속에서 구조된 것을 모르고 있어요."

다음 날 황제는 그를 감옥에서 풀어 주었고 그를 자신의 아들로, 여자를 딸로 삼았다. 그들은 그렇게 살고 있다.

부자 형과 가난한 동생

부자 형은 금 세공인이었고 황금으로 물건을 만들었으며 가난한 동생은 마당비를 만들었다. 어느 날 가난한 동생이 마당비를 만들 나뭇가지를 모으러 숲으로 갔다. 숲에서 동생은 아름다운 새를 보았고 생각했다. '이 새를 어떻게 손에 넣지?' 그는 도끼를 잡아 던져서 새를 죽였다. 집으로 가지고 와서 형에게 말했다.

"내가 어떤 새를 죽였는지 봐."

부자 형은 말했다.

"이리 줘."

그는 건네줬다. 부자 형이 말했다.

"나에게 팔아."

가난한 동생은 대답했다.

"가져."

"얼만데?"

"2루블"

"돈 받아."

부자 형은 새를 받고 오른쪽 날개를 들어 올려 보았다. 글이 씌어 있었다. '이 새를 먹는 사람은 힘이 세질 것이다.'

왼쪽 날개를 들어 올리니 거기에도 글이 씌어 있었다. '이 새를 먹는 자의 베개 밑에는 매일 밤 5루블짜리 금화가 있을 것이다.'

부자 형은 아내에게 지시했다.

"이 새를 구워서 나 외에는 아무에게도 주지 마."

이때 가난한 동생의 아이들이 와서 새를 모두 먹고 가 버렸다. 여주인이 헛간에서 나와 보니 구운 것이 없었다. 이제 어떻게 하지? 그녀는 수탉을 잡아 죽여서 구이를 다시 만들었다. 남편이 집으로 왔다.

"여보, 먹을 것을 줘."

아내는 그에게 구운 것을 주었다. 그는 다 먹어 치우고 잠자리에 들었다. 하지만 아침에 일어나니 힘이 생기지는 않았고 베개 밑에 금화도 없었다.

가난한 동생의 아이들은 일어나니 힘이 생겼고 베개 밑에 금화 한 닢씩이 있었다. 그렇게 가난한 동생은 부자가 되었다. 부자 형은 질투가 났다. 그는 동생을 자기 집으로 불렀다.

"이봐, 동생아, 너희 집에는 악령들이 있어. 네 아이들이 악마야. 네가 살고 싶다면 그들을 없애."

동생은 집으로 와서 아내에게 말했다.

"이봐요, 여보, 우리 집에 안 좋은 일이 있다네. 아이들이 우리를 죽일 거라는 거야. 이제 우리는 어떻게 하지?"

아내가 그에게 말했다.

"아이들을 숲으로 데리고 가서 거기에 버려 두고 와야겠어요."

그들은 아이들에게 말 한 필, 개, 무기를 각각 나눠 주었다.

"얘들아, 오늘 버섯 따러 가자. 너희는 말을 타고 가. 무기를 가지고 개를 데리고 가거라."

그들은 그렇게 했다. 동생 부부는 대략 10킬로미터 떨어진 숲으로 가서 그들을 길에 떨어뜨리고 거기에 남겨 둔 채 집으로 왔다.

어두운 밤이 아이들에게 찾아왔다. 그들은 말했다.

"우리는 이제 어떻게 하지? 불을 지펴야겠어. 동생아, 모닥불을 지펴, 나는 구울 것을 구해 올 테니."

그는 얼마 가지 않아서 앞에 새끼 두 마리를 데리고 있는 곰을 보았다. "지금 쏘아야겠어." 곰이 듣고 말했다.

"쏘지 마, 새끼 곰들을 줄 테니. 너에게 유용할 거야."

그는 쏘지 않고 새끼 곰들을 동생에게 데리고 왔다.

"이 새끼들을 결코 놓아주어서는 안 돼, 동생아."

"나는 다시 갈 거야. 구워 먹을 뭔가를 얻어야 할 텐데."

형은 출발했고 조금 걸어가서 토끼를 만났다. "토끼를 쏘아야겠다."

토끼는 말했다.

"쏘지 마, 내 토끼 새끼 두 마리를 데리고 가, 그 새끼들은 너에게 유용할 거야."

형은 그렇게 했다. 형은 동생에게 가서 말했다.

"다시 토끼 새끼 두 마리를 얻어 왔어. 구울까 아님 살려 둘까? 어떻게 할까?"

다른 동생이 말했다.

"구울 필요는 없어."

어두운 밤이 왔다. 형제들은 잠자리에 들었다. 밤에 잠을 자고 아침이 왔다. 앞으로 더 가야 했다. 그들은 숲속을 하루 종일 걸어갔다. 저녁 무렵에 길이 나왔다. 그들은 길을 따라갔다. 앞에는 갈림길이 있었다. 동생은 말했다.

"나는 오른쪽으로 갈 거야."

그러자 형은 말했다.

"나는 왼쪽으로 갈 거야."

이 자리에서 그들은 헤어지기로 하고 다음에 서로 찾을 방법을 정했다. 동생은 말했다.

"여기에 물이 담긴 컵을 남겨 두자. 우리 중에 여기에 오는 사람이 물이 상한 것을 보게 되면 다른 형제가 살아 있지 않다는 것을 의미하는 거야."

그들은 작별 인사를 나누고 헤어졌다.

동생은 도시로 가서 노파에게 물었다.

"묵어 갈 수 있을까요?"

노파가 말했다.

"그래."

또 아침이 밝았다. 이 숙박인은 말에 안장을 얹고 개, 곰, 토끼를 데리고 갔다. 그는 그 누구보다 먼저 거기에 도착해서 기다렸다. 어느 정도 시간이 지나자 사람들이 황제의 딸을 데리고 와서 산에 남겨 두고 수행원만 모두 도시로 돌아갔다. 갑자기 저녁이 되자 나무들이 술렁거렸다. 들어 보니 뱀이 오고 있었다. 그는 돌판에 앉아서 그 돌판 위에 새겨진 글을 보았다. '이 돌판을 들어 올리는 사람은 그 밑에 있는 칼과 독주가 담긴 그릇을 보게 될 것이며 그 술을 다 마시는 사람은 그 칼을 소유하고 뱀에게 승리할 수 있다.' 그는 그렇게 했다. 그는 커다란 힘을 느꼈다.

머리가 열두 개 달린 뱀은 말했다.

"나는 한 여자를 요구했는데, 여긴 둘이 있군."

결투가 시작되었다. 장사가 머리 여섯 개를 베어 내자 검이 휘었다. 그는 두 번째 칼을 휘둘렀고 네 개의 머리를 베었다. 그러자 검이 망가졌다. 그는 개에게 말했다.

"뱀을 죽일 수 있도록 나를 도와줘."

개, 곰, 토끼가 달려들어서 마지막 두 개의 머리를 떼어 냈다. 장사는 기뻐했다.

"이제 끝났어. 모닥불을 피워야 해."

그들은 모닥불을 피우고 뱀을 조각조각 잘라 불에 던졌다. 용사는 독침과 혀를 가졌다. 그가 이 자리에서 떠나 정자로 오니 황제의 딸이 공포로 반쯤 실신 상태에 있었다. 용사는 그녀를 들어 올렸다.

"두려워 마세요, 뱀은 죽었어요."

그녀는 믿지 않았다.

"보세요, 여기 증거가 있어요, 보세요. 스물네 개의 독침과 혀가 있어요."

황제의 딸은 그에게 키스를 하고 황금 반지와 손수건을 주었고 짐승들의 목에 실크 리본을 묶어 주었다.

아가씨는 말했다.

"이제 이렇게 할…."

그러자 용사는 말을 가로막았다.

"나는 잠자기를 원합니다." 개에게 말했다. "내가 잠자는 동안 지켜 줘."

개는 잠시 지켰고 곰에게 말했다.

"그를 지켜, 나는 잘 거야."

곰은 잠시 지키다 토끼에게 말했다.

"잠시 지켜봐, 나는 잘 거야."

토끼도 잠시 지키다 잤다. 이제 모두 잠이 들었지만 황제의 딸은 자지 않았다.

그러는 사이 황제는 산에 자신의 하인을 보냈다.

"가서, 내 딸이 살았는지 보고해."

그는 그렇게 했다. 산에 가서 보니, 황제의 딸이 살아 있었다. 그는 그녀에게 물었다.

"뱀은 왔다 갔어요?"

황제의 딸은 대답했다.

"뱀이 왔었는데 개, 곰, 토끼를 데리고 있는 이 사람이 뱀을 죽였어."

황제의 하인은 아가씨에게 말했다.

"내가 죽였다고 아버지에게 말해. 그러지 않으면 내가 너를 죽일 거야."

황제의 딸은 그렇게 하겠다고 했다. 하인은 검을 들고 용사의 머리를 베었다. 하인과 황제의 딸은 도시에 있는 황제에게로 갔다. 황제는 놀랐다.

"이런 일이 일어나다니, 믿을 수 없구나. 내 딸이 살아서 나에게 온 것이냐?"

하인은 말했다.

"커다란 뱀이 그 누구도 건드리지 못했습니다. 제가 그

뱀을 죽였습니다."

황제가 말했다.

"이런 좋은 일을 했으니 나의 딸을 너에게 시집보내고 왕국의 절반을 주겠다."

그들은 결혼식을 올렸다.

그러는 사이 토끼가 깨어나서 곰과 개를 깨웠다.

"우리에게 불행이 닥쳤어. 주인의 머리가 베어져 있어."

곰과 개는 토끼에게 화를 냈다.

"너 때문이니 너를 죽이겠어."

토끼가 말했다.

"죽이지 마, 내가 모든 것을 바로잡을게. 다만 나를 숲으로 보내 줘."

개가 토끼에게 말했다.

"가서 한 시간 후에 돌아와."

토끼는 달려가서 생명수를 가지고 와서 말했다.

"지금 주인의 목에 문질러서 머리를 도로 돌려놓아야 해."

그렇게 했다. 다만 그들은 머리를 뒤로 돌려놓았다. 그런 다음 생명수를 발라서 용사를 일으켜 세웠다. 보니 머리가 똑바로 되어 있지 않았다. 개가 토끼에게 화를 냈다.

"일을 똑바로 못했어. 너를 물어뜯어 줄 테다."

토끼가 말했다.

"다시 정수를 바르자."

그렇게 했다. 머리를 떼어내서 다시 놓고 정수와 생명수를 발랐다. 용사가 일어나 말했다.

"왜 이렇게 나를 오래 자게 내버려 둔 거지?"

개가 말했다.

"우리 모두 잠들었기 때문입니다."

용사가 말했다.

"황제의 딸은 어디 있지?"

토끼가 대답했다.

"혼자 집으로 갔습니다."

용사가 말했다.

"우리도 집으로 가자."

그들은 말을 타고 집으로 갔다. 그들은 다시 그 숙소에 왔다. 와서 노파에게 물었다.

"할머니, 왜 도시에 붉은 깃발들이 걸려 있는 거죠?"

그녀가 답했다.

"황제의 딸이 시집간다네."

"누구한테요?" 용사가 물었다.

그녀가 답했다.

"황제의 딸을 구해 준 하인에게 말이야. 이 일로 황제는 자신의 딸을 그에게 주고 왕국의 절반을 주었어."

용사가 물었다.

"할머니, 우리가 결혼식에 갈 수 있나요?"

노파가 말했다.

"누구든 갈 수 있어."

용사가 갔다. 그는 황제의 딸의 반지가 손가락에 끼어져 있어서 보이지 않게 천 조각으로 묶었다. 황제는 명령을 내렸다. 결혼식에는 건강한 사람만 들여보내라는 것이다. 그가 황제의 궁전에 왔을 때 의사가 물었다.

"왜 손가락에 천 조각이 매어져 있습니까?"

용사가 말했다.

"토끼가 깨물었습니다."

"토끼가 어디 있습니까?"

그는 말했다.

"복도에 남겨 두었습니다."

의사가 하인에게 말했다.

"여기로 데리고 와라."

하인이 데리고 왔다. 의사는 용사에게 말했다.

"손가락을 살펴보아야 합니다."

그러는 사이 개, 곰, 토끼는 신랑과 신부가 있는 곳으로 달려갔다. 신부는 곰을 좋아했다. 그녀가 곰을 쓰다듬다 목을 만지자 손 밑으로 리본이 떨어졌다. 신부가 말했다.

"뱀이 나를 먹으려고 했던 그 산에서 이 짐승을 본 적이 있어요."

신랑이 화를 냈다.

그러자 의사는 용사의 천 조각을 손가락에서 벗겨 내 말했다.

"이 반지를 어디에서 얻었느냐?"

그가 대답했다.

"내가 뱀을 죽여서 황제의 딸이 나에게 선물한 것이오."

의사가 이에 대해 황제에게 보고했다. 이 사람이 어떻게 반지를 가지고 있게 되었는지 알아야 했다. 황제는 용사를 자신의 방으로 불러서 물었다.

"이 반지를 어떻게 손에 넣었느냐?"

그는 의사에게 했던 말을 똑같이 반복했다. 황제가 물었다.

"증거가 또 있느냐?"

용사가 말했다.

"증거는 반지, 손수건, 내가 죽인 뱀에게서 나온 스물네 개의 독침과 혀입니다. 개, 곰, 토끼의 목에는 실크 리본이 매어져 있는데 용의 산에서 당신 딸이 묶어 준 것입니다."

황제는 이 모든 사실에 대해 알고 나서 말했다.

"만약 그녀를 아내로 맞고 싶다면 나의 사위가 될 것이고 너에게 왕국의 절반을 주겠다."

모든 것이 그렇게 되었다. 결혼식이 거행되었다. 결혼식 후에 황제는 하인을 불러 물었다.

"누가 너에게 황제를 기만하라고 했느냐? 이 일로 두 시간 후에 너의 머리를 베겠다."

결혼식 후에 황제의 지시가 이행되었고 하인은 죽었으며 황제의 딸은 용사에게 시집을 갔다.

이 용사는 연회가 끝난 후 숲으로 사냥을 떠났다. 말, 개, 곰, 토끼를 데리고 숲에서 밤을 보냈다. 모닥불이 전나무 밑에서 지펴졌고 밤을 보내기로 했다. 전나무에서 목소리가 들렸다.

"추워."

"내려와서 불을 쬐어라." 황제의 사위가 말했다.

전나무에서 말소리가 들렸다.

"너의 짐승들이 두려워. 너의 짐승들은 나를 깨물 거야."

"두려워 마. 그들은 건드리지 않을 거야."

전나무에서 다시 말소리가 들렸다.

"이봐, 젊은이, 내가 자네에게 던지는 가는 나뭇가지를 잡아서 자네 짐승들을 살짝 때려."

황제의 사위는 그렇게 했다. 그 자신, 말, 개, 곰, 토끼는 돌로 변했다.

한편 형이 갈림길에 도착해서 물컵을 손에 들고 보니 물이 혼탁해져 있었다. 그는 생각했다. '내 동생이 살아 있지 않구나. 이제 그의 흔적을 쫓아가야겠군.' 그는 동생이 갔던 길을 따라가다가 도시에 도착했다. 방이 붙어 있는 것을 보았고 그 밑에는 황제의 서명이 있었다. 방에는 다음과 같이 쓰여 있었다. '황제의 사위가 실종되었다. 그를 찾는 사람에게 좋은 말과 금화 사천을 주겠다.' 이 형은 방을 읽고 숙소를 찾아 주인에게 물었다.

"황제의 사위는 어떤 사람입니까?"

숙소 주인이 말했다.

"몰라요, 말을 타고 개, 곰, 토끼를 데리고 어디선가 왔어요. 그가 한 일은 황제의 딸을 죽음에서 구해서 황제의 사위가 되었다는 거예요."

형은 결심했다. '동생을 찾아야 해.'

그는 숲으로 사냥감을 찾으러 갔다. 그리고 동생이 있던 장소로 왔다. 밤이 되었다. 그는 사냥물을 굽기 위해 모닥불을 피웠다. 전나무에서 목소리가 들렸다.

"추워."

아래에서 대답했다.

"내려와, 불을 쬐."

"그럴 수 없어. 너의 개들이 무서워. 가는 나뭇가지를 줄 테니 너의 개들을 때려, 그러지 않으면 그 개들이 나를 물 거야."

아래에서 말했다.

"두려워 마."

"그럴 수 없어."

"그럼, 두려우면 내가 너를 내려 줄게." 형이 말했다.

"어떻게 내려?"

"아주 간단해."

그는 무기를 손에 들고 장전했다.

"또 한 번 말할게, 내려와."

그는 내려오지 않았다. 형이 총을 쏘자 그 사람은 허허 하고 웃었다.

"너처럼 그렇게 하는 사람들이 많지. 그러나 그들 모두 사라졌어."

"내 동생이 어디 있는지 말해, 그러지 않으면 내가 너를 죽일 테다."

전나무에서 그가 말했다.

"너의 총으로 나를 죽일 수 없어."

그가 탄환에 십자가를 긋고 위로 총을 쏘자 그 사람은 형 주위에 떨어졌다. 그는 떨어진 사람의 숨통을 조였다. 보니 마법사였다. 그는 어딘가로 사라졌다. 형은 동생, 말, 짐승들의 마법을 풀어 주었다. 모두 일어났다. 형제는 부둥켜안고 키스를 했으며 황제에게 갔다.

황제의 사위는 황제에게 말했다.

"이 사람은 제 형입니다. 아버지는 숲에서 저희를 잃었고 저희는 헤맸습니다. 바로 지금 형은 저를 찾았고 저는 그를 황제께 데리고 왔습니다."

황제는 방에 기록된 모든 것을 하사했다. 이 이후 연회가 열렸고 형은 이 연회를 즐겼다. 나, 쿠조프는 이 연회에 있었으며 술을 마시고 실컷 먹었다. 입술을 타고 음식이 흘렀으며 입안으로는 들어가지 않았다. 나는 술에 취해 비틀거렸고 황제는 나를 걷어차서 쫓아냈다.

어리석은 사람들 이야기

노부부가 살았다. 땅이 없는 그들은 순무 씨를 지붕에다 뿌리기로 했다. 노인은 매일 순무가 어떻게 자라는지 보러 다녔다. 첫날 순무는 1코페이카만큼 컸고 둘째 날에는 3코페이카짜리 동전만큼, 셋째 날에는 5코페이카, 넷째 날에는 찻잔 접시만큼 자랐다. 노인은 집으로 와서 할머니에게 말했다.

"할멈, 순무를 뽑아야 해. 너무 커 버리면 우리 집을 누를 거야."

할머니는 옷을 입고 순무를 뽑으러 집 위로 올라갔다. 자루 하나 가득 등에 짊어지고 내려오기 시작했는데, 손에 힘이 빠져 써렛발 부분에 떨어져서 죽었다. 노인은 울었고 할머니를 지하실에 둔 다음 곡을 해 줄 사람을 찾아갔다.

닭이 마주 오더니 물었다.

"할아버지, 어디로 가세요?"

"곡을 하는 사람을 찾으러 간다."

"나를 데리고 가세요."

"곡을 할 줄 아니?"

"할 줄 알아요."

"그럼 썰매에 타거라."

그런 다음 토끼, 여우, 늑대, 곰을 만났다. 노인은 그들 모두를 썰매에 태우고 집으로 데리고 갔다. 그는 할머니가 있는 지하실로 모두를 들여보내고 문을 닫았다. 그리고 마룻바닥을 통해 물었다.

"곡을 다 했어?"

그들이 대답했다.

"손과 발은 이미 곡을 다 했어요."

그런 다음 노인이 다시 물었다.

"곡을 다 했니?"

그들이 말했다.

"곡을 다 했어요."

노인이 지하실 문을 열자 곡을 하던 동물들은 뛰었다. 그들은 달려 나갔다. 노인이 보니 할머니가 없었다. 할머니를 위해 곡을 하는 동안 그들이 먹어 치웠던 것이다.

노인은 슬퍼하면서 자루에 새끼 고양이, 도끼와 국자를 넣고 발길 닿는 대로 걸어갔다. 계속 걷다가 오두막을 만났는데 거기서 아주 심하게 쿵쾅거리는 소리가 들렸다. 노인은 오두막으로 들어가서 기이한 광경을 보게 되었다. 남자가 페치카에서 바지 속으로 펄쩍 뛰고 아내는 아래에 서 있으면서 이 바지를 잡고 있었다. 노인은 말했다.

"만약 바지 입는 법을 가르쳐 준다면 나에게 얼마를 내겠소?"

남자는 그에게 백 루블을 주었다.

노인은 돈을 받고 계속 걸어갔다. 가다 보니 창문이 없는 오두막이 있고 남자가 광주리를 들고 오두막 안으로, 마당으로 뛰어다녔다. 노인은 물었다.

"왜 여기서 뛰어다니는 거요?"

남자가 말했다.

"저는 오두막에서 어둠을 가지고 나오고 마당에서는 빛을 가지고 옵니다."

"만약 오두막 안에 빛을 만들어 준다면 나에게 얼마를 주겠소?"

"이백 루블을 드리리다." 남자가 말했다.

노인은 도끼를 들고 오두막에 창문을 만들어 주었다. 돈을 받고 계속 갔다.

계속 걸으니 오두막이 보였다. 그는 다가가 하룻밤을 청했다. 이 집 안에서는 매일 밤 쥐들이 인간을 먹었다. 주인은 기뻐하며 노인을 떨어진 방에 자도록 하고 생각했다. '쥐들이 먹게 내버려 두자. 저 남자는 그런 용도로 쓰는 거야.'

노인은 방에 누워서 고양이 새끼를 자루에서 꺼내 옆에 두었다. 아침에 깨어 보니 바닥에 죽은 쥐가 한 무더기 있었다. 고양이 새끼가 전부 물어 죽였던 것이다. 주인이 물었다.

“당신은 이 많은 쥐를 어떻게 죽였소?”

노인이 말했다.

“나에게 죽이는 짐승이 있는데 만약 돈을 준다면 당신에게 드리리다.”

주인은 돈을 주었고 노인은 집으로 갔다.

노인이 다가가 보니 그의 오두막이 있던 자리에 커다랗고 좋은 집이 있었다. 그가 집으로 다가가니 집에서 부자가 나와 결코 다가와서는 안 되며 여기서 떠나라고 손짓을 했다. 노인은 돌 위에 앉아 울기 시작했다. 그는 눈물로 커다란 오네가강을 만들 정도로 울었고 오네가는 부자의 집을 침몰시켰다. 만족스러운 노인은 계속 걸어갔다.

부정한 아내

옛날 옛적에 한 부부가 있었다. 그들에게는 아이가 없었다. 노인은 항상 나무하러 숲으로 갔고 할머니는 집에 있으면서 집안일을 했다. 그녀는 남편을 사랑하지 않았다. 그에게는 애인이 있었다. 남편을 사랑하지 않았기 때문에 할머니는 항상 그 앞에서 아픈 척을 했다.

어느 날 노인이 숲에 나무하러 갔다. 애인이 그녀에게 놀러 왔고 그들은 술을 마시고 춤을 추었다. 남편은 아무것도 의심하지 않고 아내가 정말 아프다고 믿었다. 그녀는 연기를 잘했다. 그녀는 애인과 함께 여러 번 흥청망청 즐겼다.

어느 날 이렇게 흥청망청 즐기는 동안 거지가 빵을 달라고 청하러 왔다. 거지가 오두막 문을 열었을 때 아내는 춤을 추고 애인은 아코디언을 켜고 있었다. 거지는 이런 광경을 보고 노인을 가엽게 여겼다. 그는 집에서 벌어지는 일을 노인에게 말해 주었다. 그리고 잠시 생각하더니 노인에게 말했다.

"당신이 자루에 들어가세요, 그러면 제가 당신을 등에 짊어지고 당신 집으로 데리고 갈 테니. 저는 자루에 든 당신을 벤치 밑에 넣을 거예요. 그리고 하룻밤 묵어가게 해 달라고 청할 겁니다."

그들은 그렇게 했다. 남자는 자루 안으로 들어가고 거지는 자루를 등에 지고 남자의 아내에게로 갔다. 그는 썰매를 타고 가서 문을 열고 말했다.

"안녕하세요, 여주인님, 부디 저를 믿어 주세요. 저는 먼 길을 짐을 들고 왔답니다. 너무 지쳤어요."

"어머, 하룻밤을 재워 줄 수가 없어요. 남편이 집에 없어요."

"들여보내 주세요, 들여보내 주세요. 화내지 마세요. 당신 남편을 모욕하려는 게 아닙니다. 저는 그를 알아요."

아내는 마음을 굳히고 하룻밤 묵어가라고 거지를 집으로 들였다. 그때 거지는 말했다.

"저기, 여주인님, 물건이 든 자루를 벤치 밑에 두고 저는 페치카 위에서 자겠습니다."

아내는 대답했다.

"벤치 밑에 두세요, 그리고 페치카 위로 가세요. 거기가 주무시기에는 따뜻해요."

거지는 그렇게 했고 페치카 위로 올라가서 누웠다. 들어보니 애인이 아코디언을 들고 왔다. 여주인은 식탁을 차리고 술을 놓았다. 시간이 조금 지나자 애인과 함께 그녀는 식탁에 앉아 술을 마시기 시작했다. 그들은 취했고 애인은 아코디언을 켰으며 그녀는 춤추기 시작했다. 거지는 페치카에서 '자루'에게 말했다.

"자루 씨, 살짝 보세요. 벤치 밑에서 조심스럽게 보세요."

그런 다음 거지는 페치카에서 내려와 다시 물건이 든 자루를 등에 지고 나갔다. 그는 자루에서 불쌍한 남자를 꺼냈다. 남자는 말했다.

"거지야, 고마워. 이제 내가 아내의 '병'을 알게 되었어."

다음 날 아내는 '병이 들었다.' 아내는 남자에게 목욕탕을 데워 달라고 부탁했다. 남편은 목욕탕을 데운 후 자작나무를 가지러 숲으로 떠났다. 그는 숲에서 집으로 돌아와서 물었다.

"여보, 목욕탕이 데워졌어?"

"데워졌어요." 아내가 말했다.

"데워졌으면 목욕탕으로 가는 길에 짚을 깔아 둬."

아내는 남편과 목욕탕으로 갔다. 옷을 벗었다. 남편이 말했다.

"선반에 올라가. 준비됐어? 증기를 내보낼게."

아내가 말했다.

"준비됐어요."

남자는 옷 갈아입는 곳으로 가서 자작나무 막대기를 잡고 아내를 때리기 시작했다. 그녀는 생각할 틈이 없었다. 그녀는 목욕탕에서 뛰어나갔다. 남편이 뒤에서 소리쳤다.

"짚을 따라 뛰어."

짚까지 가지도 못했다. 그날부터 모든 질병은 사라졌다. 그리고 그들은 거기에서 오늘날까지 살고 있다.

반카와 염소

노부부가 살았다. 그들에게는 아이가 없어서 늙을 때까지 둘이서 살았다. 노부부는 점토로 만든 남자아이 반카를 만들 생각을 했다. 그들은 점토를 파내 반죽해서 반카를 만들었다. 그리고 건조해 식탁 아래 구석에 세워 두었다. 이 점토 소년 반카는 말했다.

"할아버지, 저는 할아버지를 먹을 거예요." 점토 소년은 이 노인을 잡아서 먹어 치웠다.

다음 날 다시 말했다.

"할머니, 저는 할머니를 먹을 거예요." 그는 할머니를 잡아서 먹었다. 그리고 나갔다.

물이 담긴 양동이 두 개를 든 여자가 걸어가고 있었다.

"아줌마," 점토 소년 반카가 말했다. "저는 아줌마를 먹을 거예요. 저는 할아버지도, 할머니도 먹었고 아줌마도 먹을 거예요." 그는 양동이와 함께 여자를 전부 먹어 치웠다.

반카는 길을 계속 걸어갔다. 염소와 마주쳤다.

"염소야," 점토 소년 반카가 말했다. "나는 너를 먹을 거야."

"산 밑에 서." 염소가 말했다. "내가 너의 입으로 곧장 뛰어들게.”

이 점토 소년 반카는 산 밑에 서 있고 염소는 산에서 달렸다. 염소는 그의 배 속으로 뛰어들려고 달렸다. 반카는 산산조각 났다. 거기서 할아버지, 할머니, 양동이를 든 여자가 나왔다.

할머니와 할아버지는 곧 (한 배에서) 세 딸을 낳았다. 이 딸들은 자랐다. 노부부는 염소를 샀다. 노인은 염소를 방목하라고 장녀를 보냈다.

“저녁에 염소에게 네가 먹을 것과 마실 것을 주었는지 물어볼 거야.”

이 딸은 염소를 방목하러 갔고 먹을 것과 마실 것을 주고 집으로 몰고 왔다. 아버지는 염소에게 물었다.

“염소야, 뭐 좀 먹고 마셨니?”

“아니요, 아무것도 먹지도 마시지도 못했어요.” 염소가 말했다.

아버지는 딸을 집에서 내쫓고 말했다.

“어디든 가라, 염소에게 먹을 것도 마실 것도 주지 않았으니.”

다음 날 아버지는 일어나 둘째 딸에게 염소를 방목하라고 했다.

“가, 염소를 먹이고 마실 것을 주어라, 그러지 않으면 너를 쫓아낼 거야."

둘째 딸은 염소에게 먹을 것과 마실 것을 주고 집으로 몰고 왔다. 아버지는 다시 마중 나와서 물었다.

"염소야, 뭐 좀 먹고 마셨니?"

염소가 말했다.

"아무것도 먹지도 마시지도 않았어요."

아버지는 딸을 집에서 쫓아냈다.

"어디든 가거라."

셋째 날 셋째 딸에게 염소를 방목하라고 보냈다. 셋째 딸은 다시 가서 풀을 먹이고 마실 것을 주었다. 염소가 더 이상 배에 넣지 못할 정도로 먹이고 집으로 몰고 왔다. 아버지가 와서 물었다.

"염소야, 뭐 좀 먹고 마셨니?"

"아무것도 먹지도 마시지도 못했어요." 염소가 대답했다.

아버지는 이 딸도 쫓아냈다.

넷째 날에 염소를 방목하라고 아내를 보냈다.

"염소에게 먹을 것과 마실 것을 줘, 그러지 않으면 당신에게도 똑같은 운명이 기다릴 거야."

아내가 가서 계속 먹을 것과 마실 것을 주고 어두워질 때까지 있다가 집으로 몰고 왔다. 노인은 마중 나왔다.

"염소야, 뭐 좀 먹고 마셨니?" 염소에게 물었다.

염소가 답했다.

"아무것도 먹지도 마시지도 못했어요."

그는 아내를 내쫓았다. '내가 가서 직접 방목해야겠어.' 다섯째 날에 아버지가 직접 방목하러 갔다. 계속 먹이고 마실 것을 주었으며 어두워질 때까지 먹이고 집으로 와서 물었다.

"염소야, 뭐 좀 먹고 마셨니?"

"아무것도 먹지도 마시지도 못했어요." 염소가 말했다.

그는 옆구리의 반이 베어져 나갈 정도로 염소를 도끼로 쳤다.

"너 때문에 나는 아이들과 아내를 내쫓았어." 할아버지는 염소에게 말했다. "이제 어디든 가 버려."

염소는 들로 가서 곰의 굴을 발견했다. 이 굴에는 곰, 늑대, 여우가 살고 있었다. 옆구리가 잘려 나간 염소는 페치카 위에 앉았다. 여우가 와서 물었다.

"저기 페치카 위에 누가 있는 거야?"

"나야, 3그로시[11]에 팔려 나간 염소야. 옆구리 반이 잘려

---

11) 그로시(грош)는 옛 러시아 화폐 단위다. 1657~1838년까지 2코페이카, 1838~1917년까지 반 코페이카였다. 지금은 아주 헐값이란

나갔어. 나는 너를 발로 밟고 뿔로 찔러 버릴 거야."

이 여우는 도망갔다. 늑대가 왔다.

"저기 페치카 위에 누가 있는 거야?"

"나야, 3그로시에 팔려 나간 염소야. 옆구리 반이 잘려 나갔어. 나는 너를 발로 밟고 뿔로 찔러 버릴 거야."

늑대가 도망갔다. 곰이 왔다.

"저기 페치카 위에 누가 있는 거야?"

"나야, 3그로시에 팔려 나간 염소야. 옆구리 반이 잘려 나갔어. 나는 너를 발로 밟고 뿔로 찔러 버릴 거야."

곰 역시 겁을 먹고 도망갔으며 집은 염소에게 남겨 두었다. 이 염소는 이 집에 살게 되었고, 남자는 딸과 아내를 도로 데리고 와서 살기 시작했다.

어느 날 남자가 이 집을 지나치면서 물었다.

"저기 페치카 위에 누가 있는 거요?"

"나야, 3그로시에 팔려 나간 염소야. 옆구리 반이 잘려 나갔어. 나는 너를 발로 밟고 뿔로 찔러 버릴 거야."

남자가 말했다.

"이리 와 봐, 뿔로 찔러 봐."

그는 염소의 다리를 잡아 페치카 위에서 끌어 내리고 썰

의미로 사용된다.

매에 싣고 집으로 가서 말했다.

"'아무것도 먹지도 마시지도 못했다'라고 또 말해 봐, 머리를 잘라서 죽여 줄 테니."

딸들은 다시 염소를 방목하러 갔고 하루는 큰딸이, 다음 날은 둘째 딸이, 그다음 날은 셋째 딸이 방목했다.

남자는 아내와 함께 집에 있고 딸들은 염소를 방목했다. 염소는 그들에게 젖을 주었고 소는 없었다(말은 있었다). 그들은 1년, 2년을 그렇게 살았다. 그들의 염소는 병이 들어 죽었다.

오빠가 여동생의 손을 자르다

옛날에 노부부가 살았다. 노부부에게는 아들과 딸이 있었다. 어머니는 병이 들었다. 어머니는 딸과 아들을 불러서 당부했다.

"남매끼리 사이좋게 살아라."

오빠와 여동생은 그렇게 살았다.

"동생아, 결혼해야겠어."

"결혼해, 결혼해, 오빠. 그렇지만 오빠, 아내로 바바 야가 딸은 데리고 오지 마."

어디로 가든 주위에는 바바 야가의 딸들이었다. 오빠는 누이에게 와서 말했다.

"사방에 바바 야가 딸들이야."

"그럼 결혼해, 오빠, 결혼해." 동생이 말했다.

오빠는 바바 야가의 딸을 아내로 맞았다.

오빠는 황제의 궁전으로 일을 다녔다. 그는 아침에 직장으로 가면서 말했다.

"동생아, 갔다 올게."

그리고 저녁에 와서 말했다.

"동생아, 갔다 왔어."

그러나 아내에게는 아무것도 묻지 않았다. 아내는 마음에 들지 않았다.

아침에 남자가 일하러 간 뒤 아내는 헛간에 가서 어린 소의 머리를 벴다. 남자가 저녁에 직장에서 오자 아내는 말했다.

"좋은 동생을 뒀군요. 좋은 소를 죽였어요."

오빠는 말했다.

"그런 잘못은 괜찮아."

다음 날 그는 직장으로 갔다. 그는 누이에게 말했다.

"다시 일하러 다녀올게."

아내는 다시 가서 종마의 머리를 벴다. 저녁에 남자가 집에 오자 아내는 불평했다.

"좋은 동생을 뒀군요. 좋은 말을 죽였어요."

남편은 아내에게 대꾸했다.

"그런 잘못은 괜찮아."

그다음 날도 남자는 일하러 갔다. 그리고 다시 누이에게 갔다 오겠다고 말했다. 그날 아내는 자신의 아들을 죽였다.

저녁에 남자가 와서 다시 말했다.

"동생아, 나 왔어."

아내가 말했다.

"여동생 좋아하네. 외동아들을 어떻게 했는지 알아요. 당신 누이가 아이를 죽였어요."

오빠는 누이에게 말했다.

"더 이상 용서할 수 없어."

오빠는 말을 매서 누이를 썰매에 태웠다. 그들은 멀리 떠났다. 그루터기를 보았고 그 근처에 오빠는 말을 세웠다.

"동생아, 머리를 그루터기에 올려."

"오빠, 죽이지 마세요. 제 팔을 자르세요."

오빠는 그녀의 팔을 팔꿈치까지 잘랐다. 다시 누이를 썰매에 태우고 앞으로 나아갔다. 다시 그들은 그루터기를 보았다.

"동생아, 여기에 머리를 얹어."

"오빠, 저를 죽이지 마시고 다리를 자르세요."

오빠는 무릎까지 다리를 자르고 누이의 눈을 수건으로 가린 다음 그녀를 그곳에 남겨 두었다. 이 누이는 숲을 굴러서 나아갔다. 계속 굴러서 황제의 정원까지 갔다. 황제의 정원에서 사과를 먹었다. 아침에 황제가 일어나서 보니 누군가가 사과를 먹어 치웠다.

다음 날 밤에 장남에게 정원을 지키게 했다. 아들은 지킬 수가 없었다. 잠이 들었기 때문이다. 누이는 다시 와서 사과를 먹고 '떠났다.' 아침에 아버지가 와서 물었다.

"정원을 잘 지켰느냐?"

“지킬 수가 없었어요. 잠이 들었어요. 다시 사과가 없어졌어요.”

황제는 둘째 아들을 보냈다. 둘째 아들도 정원을 지킬 수 없었다. 잠이 들었기 때문이다. 다시 사과는 누군가 먹어 없어졌다. 그는 아버지에게 와서 말했다.

“자느라 지킬 수 없었어요. 다시 사과가 없어졌어요.”

황제는 셋째 아들, 바냐에게 말했다.

“네가 정원을 지키러 가거라. 만약 지켜 낸다면 왕국 전체를 너에게 주마.”

바냐는 경비를 섰고 계속 지켜보다가 결국 아가씨를 잡았다. 아가씨는 사과를 먹으러 왔다. 바냐가 물었다.

“당신은 누구요, 젊은 여자요, 늙은 여자요? 만약 당신이 남자라면 형제를 삼을 것이고 결혼한 여자라면 누이로 삼을 것이오. 만약 아가씨라면 아내로 삼을 것이오.”

그녀는 말을 했다.

“손도 없고 발도 없는 나를 어떻게 아내로 삼을 수 있단 말이에요.”

바냐는 그녀의 눈에서 손수건을 벗기고 아내로 삼았다. 그리고 그녀를 어깨에 메고 집으로 데리고 갔다. 그의 아버지는 그에게 왕국 전체를 주었다.

바냐는 황제의 궁전을 걸어 다녔다. 이 손도 없고 발도 없는 아내는 아들을 낳았다. 황금색 머리카락과 은색 머리카락이 한 올씩 있었다. 궁전의 사람들이 바냐에게 편지를 보냈다. 하인이 그에게 전달하러 갔다. 하인은 걸어서 바바 야가의 집에 도착했다.

"멀리서 왔느냐?"

"바냐에게 편지를 전달하러 가는 중이오. 그의 아내가 아들을 낳았는데, 머리카락 한 올은 황금색이고 다른 한 올은 은색이오. 바냐에게 보낼 편지를 가지고 가고 있소."

바바 야가는 말했다.

"목욕탕으로 가라. 피곤할 테니, 사우나를 하고 가."

하인은 목욕탕으로 가서 편지를 창틀 위에 두었다. 바바 야가는 편지를 잡아 찢어 버렸다. 그 대신에 바냐에게 보낼 다른 편지를 썼다. 내용은 아내가 강아지를 낳았다는 것이었다. 하인은 편지를 바냐에게 전달했다. 바냐는 편지를 열어 보았고 아내가 강아지를 낳았다는 내용을 읽었다. 그는 편지를 찢고 대답했다. '철 테두리를 두른 통에 아내를 넣고 바다에 던져라.'

사람들은 통을 막고 아이와 함께 아내를 통에 넣은 다음 바다에 던졌다. 통은 바다를 얼마 동안 떠다녔고 기슭에 부딪치자 모래 소리가 들렸다. 소년은 어머니에게 말했다.

"엄마, 다리를 뻗을래요."

"뻗지 마, 아직 깊어."

통은 또 굴러갔고 기슭에 닿았다. 더 이상 갈 수가 없었다. 아들이 말했다.

"엄마, 다리를 뻗을래요."

소년이 다리를 뻗자 통이 부서졌다. 그들은 통 밖으로 나왔다.

"어디로 가지?" 어머니가 말했다.

소년은 말했다.

"엄마, 구걸하러 가요."

어머니는 말했다.

"어디를 가든 우리는 아름다운 사람이야, 사람들은 아름다운 사람에게는 적선하지 않아."

소년은 말했다.

"숯 검댕을 발라요."

그들은 숯 검댕을 바르고 걸어갔다. 그렇게 모든 황제들이 대접을 받는 황제의 궁전으로 갔다. 그들은 구석에 앉았다. 황제가 물었다.

"누가 이야기를 들려줄 수 있소?"

손과 발이 없는 여자가 말했다.

"제가 이야기 하나를 알고 있습니다."

"알고 있는 것을 얘기해 보시오."

"말을 가로막는 사람은 귀싸대기를 때릴 것입니다."

그녀는 자신의 이전 삶에 대한 이야기를 시작했다.

"바바 야가의 딸이 자신의 아이를 죽이고 저에게 덮어씌웠습니다. 오빠는 저를 숲으로 데리고 가서 팔과 다리를 잘랐답니다."

바바 야가의 딸이 말을 가로막았다.

"그런 게 아냐."

"계속하시오."

"사람들이 우리를 통에 넣고 바다에 던졌어요. 통은 굴러 기슭에 부딪쳤죠. 아이는 다리를 바로 폈고 통은 부서졌어요. 그래서 우리는 거기서 나와 숯 검댕을 발랐답니다."

소년이 앉아 있었는데 머리카락 한 올은 황금색이고 다른 한 올은 은색이었다. 그녀가 앉은 자리에서 팔과 다리를 자른 오빠, 신랑 바냐도 보였다. 바냐와 오빠는 남자아이와 여자를 씻겼고 집이 아름답게 빛을 냈다. 오빠는 말을 매고 소, 말, 자신의 아이를 죽인 아내를 잡아 말꼬리에 묶었다. 그는 채찍으로 말을 때렸다. 다리가 떨어진 곳에 부지깽이가 있었고 팔이 떨어진 곳에 갈퀴가 있었으며 눈이 떨어진 곳에 샘이 있었고 엉덩이가 떨어진 곳에 늪이 있었다. 그들은 잘 살았고 나는 거기에 손님으로 가 있었으며 이 모든 것을 보았다.

아내가 말하기 시작했다

전에 노부부가 살았다. 그들에게는 딸 하나가 있었다. 잘 지냈는데, 아내가 죽었다. 아버지는 딸과 결혼하기를 원했다. 딸은 이 일이 어떻게 될 것인지 몰랐다. 딸과 아버지는 숲으로 일하러 가려 했다(어떤 일을 하러 가는지 나는 모른다).

"저와 함께 숲으로 가요." 딸이 말했다.

그들은 갔다. 딸이 아버지와 숲으로 가려 했을 때 할머니가 당부했다.

"숲으로 갈 때 빗과 솔을 가지고 가거라(세 가지 물건을 가지고 가라고 했는데 하나는 기억이 나지 않는다)." 그녀는 이 모든 것을 가지고 아버지와 숲으로 갔다. 식사할 때 아버지가 말했다.

"딸아, 머리에서 이를 찾아봐."

아버지는 그녀의 무릎을 베고 누웠다. 소녀는 아버지가 좋지 않은 행동을 하고 있다는 것을 알았다.

"어머, 아버지, 기다려 주세요. 저기 관목 숲 뒤에 가서 소변을 보고 올게요."

아버지가 말했다.

"관목 숲으로 가지 말고 여기, 내 옆에서 눠."

"안 돼요. 아버지 옆에서 누는 건 싫어요."

아가씨는 달려갔고 뭔가 느낌이 좋지 않았다.

그녀는 길을 따라 달렸다. 계속 달렸지만 아버지가 뒤쫓아 왔다. 그녀는 솔을 던졌다(이전에는 머리를 빗는 그런 솔이 있었다). 그러자 뚫고 오지 못할 정도로 무성한 숲이 자랐다. 그러나 노인은 이 무성한 숲을 뚫었고 아가씨는 아버지를 피해 계속 도망갔다. 그녀는 아버지가 빨리 뒤처지게 하려고 솔을 던졌지만 아버지는 무성한 숲을 뚫고 무섭게 소리쳤다.

"두고 봐, 잡을 테다."

아가씨는 아버지가 '두고 봐, 잡을 테다'라고 소리치는 것을 들었고 그는 내내 뒤쫓아 왔다.

아가씨는 계속 달렸고 빗을 던졌다. 빗을 던지자 거대한 산, 아주 미끄러운 산이 나타났다. 남자는 산을 올랐지만 다시 아래로 미끄러져 올라갈 수 없었다. 아가씨는 계속 도망갔고 남자는 산을 올라갈 수 없었다. 남자는 다시 서둘러 위로 올라갔고 다시 아래로 떨어졌다. 산은 미끄럽고 뼈로 된 산이었다. 아가씨는 이미 멀리 도망갔다. 다시 목소리가 들렸다.

"두고 봐, 너를 잡을 테다. 기다려, 잡을 거야."

아가씨에게는 실타래 하나가 남았다. 그녀는 이 실타래를 던졌다(이것이 세 번째 물건이다). 실타래에서 아주 깊은 강이 생겨났다. 보니, 강이 저절로 흘렀고 강은 아버지 앞에 가로놓였다. 아버지는 기슭에서 소리쳤다.

"딸아, 나를 건너가게 해 줘, 건드리지 않을게. 결혼도 하지 않고 건드리지도 않을 거야."

아가씨는 말했다.

"못 건너오게 할 거예요."

아버지는 애원했다.

"건너가게 해 줘, 건너가게 해 줘." 그녀는 건너게 해 주지 않았다.

아버지는 자신의 달걀을 잘라 던졌다. 달걀은 아가씨의 어깨에 떨어졌다. 아가씨는 말했다.

"어머, 나는 운도 없는 아이야. 아버지가 이상한 짓을 했어. 봐 봐, 아버지는 달걀을 잘라 내 어깨에 던졌어."

그러자 이 달걀들은 말했다.

"아버지는 이상한 짓을 했어, 달걀을 잘라서 내 어깨에 던졌어."

달걀들은 어깨에서 떠나지 않았고 아가씨가 말하는 것을 따라 했다.

잘됐다. 이 아가씨는 집으로 왔다. 그 누구에게도 아무

말도 하지 않았다. 어떤 말을 하든지 달걀들은 따라 했다.

중매쟁이들이 왔다. 아버지는 그런 마법을 건 것에 대해 입을 다물었다.

"그럼, 시집을 갈 수 있지만 3년 동안 딸은 그 누구와도, 아버지와, 그 누구와도 이야기하지 않고 침묵할 것입니다(결코 말을 해서는 안 된다. 그녀가 말하기만 하면 달걀들이 따라 하기 시작할 것이다). 데려가든 데려가지 않든 그녀는 계속 침묵할 것입니다." 아버지가 말했다.

남자는 말했다.

"제가 그녀를 아내로 데리고 가겠습니다. 그녀는 나와 말하게 될 것입니다."

결혼식이 거행되었고 결혼식에서 연회를 즐겼다. 그러나 아가씨는 남편과 아무런 말도 하지 않았다. 그녀는 딸을 낳았다.

"말을 하지 않으면 딸을 죽일 것이오. 말을 한다면 불쌍히 여길 것이오." 남편이 화를 냈다.

그는 자신의 아이를 죽였다. 그러나 아내는 침묵하고 참았다. 괜찮았다.

"어떻게 해야 할지 모르겠군. 아내가 아무런 말을 하지 않아. 제기랄, 결혼할 거야, 결혼할 거라고. 다른 아내를 들일 거야. 그러면 뭔가 말을 할 거야." 남자가 말했다.

그는 바바 야가의 딸에게 청혼하러 갔다. 그는 바바 야가의 딸을 아내로 맞이하기로 했다. 결혼식이 준비되었다. 시아버지와 시어머니(또 누가 있었는지 모르겠다)는 결혼식을 준비했다. 페치카 두 개를 놓고 음식을 굽고 끓였다. 오늘 저녁에 결혼식이 있을 것이다. 시어머니는 말하지 않는 며느리를 보내 끓일 것들을 끓여 오라고 시켰다. 그녀는 키셀[12]을 끓여서 숟가락으로 맛을 보고 말했다.

"어머, 키셀이 정말 달구나."

그러자 달걀들도 말했다.

"어머, 키셀이 정말 달구나."

그러자 여자는 말했다.

"달걀아, 그러니 그 안으로 뛰어 들어가."

이 달걀들은 어깨에서 키셀로 들어갔다. 여자는 키셀이 담긴 항아리를 들고 마당으로 나가 집구석에 던졌다. 그러자 시어머니가 겁을 먹었다.

"며늘아기야, 거기에 뭘 던진 거야?"

"어머니, 아무것도 아니에요. 페치카 안의 소나무 장작이 소리를 내는 거예요."

---

12) 과일즙, 우유, 꿀을 섞은 것에 감자나 옥수수 전분을 섞어 굳힌 젤리 형태의 음식. 과일 젤리 같은 것.

시어머니는 너무나도 기뻐했다. 3년 동안 전혀 말을 하지 않던 며느리가 말을 했다. 그러나 모두 결혼식을 기다렸다. 시어머니는 다른 신부, 즉 바바 야가의 딸을 데리고 오는 아들을 기다렸다. 그녀는 어떻게 해야 할지를 몰랐고 마냥 기뻐했다.

결혼식이 거행되었다. 그러나 시어머니는 아들에게 그의 아내가 말을 했다는 것을 이야기하지 않았다. 말하기 시작한 아내는 온통 숯 검댕을 칠한 다음 실크 드레스를 입고 이 항아리를 옷소매로 날랐다. 바바 야가의 딸은 식탁에 앉아서 말했다.

"드레스를 숯 검댕으로 더럽히지 않아야 할 텐데, 나에게 실크 드레스를 주어야 할 거야. 그러지 않으면 실크 드레스를 입고 더러운 항아리를 날라야 할 테니까."

아내가 말했다.

"아, 아주 재치가 있군요. 저는 결혼을 했어요. 3년 동안 시어머니를 무서워해서 침묵했고 3년 동안 시아버지를 두려워해서 말을 하지 않았어요. 3년 동안 남편이 무서워 말을 하지 않았어요. 그러나 당신은 이미 첫날밤에 말을 하고 실크 드레스를 걸치려고 하는군요."

그러자 남편은 너무나도 기뻐했다. 그는 식탁에서 튀어나와 새 아내를 잡고 말의 꼬리에 묶어 울퉁불퉁한 길을 따라가게 했다.

남자는 전처와 살기 시작했다. 오늘도 아버지, 어머니, 아내와 남편이 살고 있다.

엄지 소년

노부부가 둘이서 살았다. 그들에게는 아이가 없었다. 노인은 장작을 패러 갔다. 그는 장작을 계속 패다가 커다란 손가락을 베였다. 그가 오두막에 와서 말했다.

"여보, 손가락을 잘렸어."

"잘리다니. 병원에 가서 손가락에 붕대를 감아 달라고 해요."

그는 병원으로 가서 손가락에 붕대를 감았다. 그곳에서 손가락 끝, 엄지 소년을 보았다.

이미 작은 소년이 창문 밑에서 장작을 패고 있었다. 아내는 그 광경을 보고 말했다.

"이봐요, 누가 창문 밑에서 장작을 패고 있는 거죠?"

그들이 보니 이 엄지 소년이 장작을 패고 있었다.

"어머, 영감, 보세요. 손가락 끝에서 아들이 나온 것 아니에요?"

"세상에, 나타났어. 내버려 둡시다."

그들은 그 아이를 오두막으로 데리고 와서 식탁에 앉히고 먹을 것을 주었다.

"내일 나는 밭을 갈러 갈 거야." 노인이 말했다.

그러자 소년은 말했다.

"아버지, 가시면 빵을 갖다 드릴게요."

그러자 어머니가 말했다.

"너는 빵을 가지고 가기에는 너무 작아."

"가지고 갈 거예요."

어머니는 빵을 구워서 작은 주머니를 만들어 그 안에 넣었고 소년은 아버지에게 가지고 갔다. 소년은 걷다가 피곤해졌다. 피곤해서 버섯 위에 앉았다.

곰이 와서 이 버섯과 소년을 먹었다. 그러자 곰의 엉덩이에서 소년이 머리를 내밀고 말했다.

"곰아, 나를 엉덩이에서 나가게 해 줘."

그러자 곰이 말했다.

"나가."

"나갈 수가 없어. 나를 마당으로 데려다줘, 그러면 나갈게. 다른 방법이 없어."

곰은 조용히 마을로 가서 말했다.

"아이야, 엉덩이에서 나가."

"나갈 수가 없어. 바깥 출입구로 데려다줘, 그러면 나갈게." 소년이 말했다.

곰이 그 아이를 바깥 출입구로 데리고 갔다.

"아이야, 엉덩이에서 나와."

"나갈 수 없어, 현관으로 데려다줘, 그러면 나갈게."

곰이 살짝 현관으로 올라갔다.

"아이야, 엉덩이에서 나가."

소년은 엉덩이에서 튀어나와 문을 쾅 닫고 멍에로 곰을 죽였다. 죽인 곰은 벤치 위에 놓았다. 아버지가 집에 왔고 곰은 벤치 위에 있었다. 그가 말했다.

"여보, 누가 곰을 죽인 거요?"

"엄지가요."

"어떻게 그 아이가?"

"어떻게 죽여서 현관으로 데리고 왔는지 몰라요."

일은 그렇게 됐다. 다음 날 아버지는 말했다.

"나는 빵을 기다렸는데 그 아이가 곰을 얻었어. 어떻게 곰을 손에 넣은 거지? 내일 나는 일하러 갈 거니까, 당신이 빵을 가지고 와요."

소년은 말했다.

"아버지, 제가 가지고 갈게요."

다음 날 다시 엄지 소년은 작은 주머니를 등에 짊어지고 빵을 가지고 갔다. 아이가 빵을 가지고 가니 아버지는 거기서 밭을 갈고 있었다. 그가 말했다.

"아버지, 앉아서 드세요. 제가 그사이에 밭을 갈게요."

아버지는 빵을 먹으려고 앉았고 엄지 소년은 쟁기 위에

앉아서 밭을 갈았다. 그때 이웃이 노인에게 다가왔다.

“이봐요, 좋은 말을 가지고 계시네요. 혼자 밭을 가니 말이에요.”

“혼자가 아니에요. 밭을 가는 사람이 있어요. 제 아들이 갈고 있는 것이랍니다.”

“아들이 어디에 있어요?”

“쟁기 위에 앉아 있어요.”

“어머, 아들이군요. 아들을 저에게 파세요.” 이웃이 말했다.

“팔지 않아요. 외아들이라오.”

“원하는 것을 줄 테니 팔기만 하세요.”

“돈 한 자루를 준다면 넘기겠소.”

소년은 말했다.

“팔아요, 팔아요, 아버지, 저는 도망갈 테니.”

아버지는 소년을 팔고 돈을 받았다.

남자는 이 소년을 잡아서 작은 주머니에 넣고 만족스럽게 집으로 왔다. 소년은 팔렸다. 그는 집에 와서 말했다.

“여보, 내가 아들을 사 왔어.”

“어디 있어요?”

“주머니에.”

주머니에서 작은 주머니를 꺼냈지만 주머니에는 구멍이

나 있었고 소년은 없었다. 소년은 다시 아버지에게로 도망쳤다. 그 아이는 아버지에게 와서 말했다.

"보세요, 제가 도망 온다고 말했잖아요."

노인은 만족해했다. 소년은 돈 자루를 얻었고 아들은 그에게 계속 남아 있었다. 그렇지만 사 간 노인은 소년을 얻지 못했다.

도둑 바냐

옛날에 노부부가 살았다. 그들에게는 세 아들이 있었다. 한 아이의 이름이 바냐이고 다른 아이는 바샤, 또 다른 아이는 표도르였다. 노부부에게는 아들이 셋 있었지만 할아버지의 동생에게는 아무도 없었다. 아이가 없는 동생이 말했다.

"오늘 표도르를 나와 함께 숲에 가게 해 줘. 나는 그에게서 무엇을 얻을 수 있을지 볼 거야."

그들은 걸어갔다. 삼촌은 조카를 데리고 숲으로 갔다. 거기에서 그들은 계속 걸어 다녔다. 조카가 삼촌에게 말했다.

"삼촌, 여기에 아주 아름다운 소나무들이 있어요. 이 소나무를 잘라서 아름다운 집을 지을 수 있어요."

삼촌은 말했다.

"좋아, 이제 집으로 가자."

"이 아이는 농부가 될 거야. 이 아이가 저기서 그런 생각을 하더군. 내일 둘째 아들을 나와 함께 가게 해 줘."

그는 둘째 조카를 데리고 숲을 돌아다녔다. 삼촌은 그 아이를 자작나무만 자라고 있는 곳으로 데리고 갔다. 조카는 말했다.

"삼촌, 이 자작나무를 벤다면 여기에 좋은 호밀이 자랄 것 같아요. 깨끗이 정리하면 좋은 작물들을 키울 수 있을 것 같아요."

삼촌이 말했다.

"씨 뿌리는 사람이 되겠구나."

그들은 집으로 왔고 삼촌이 말했다.

"오늘은 셋째 아들 바냐를 보내 줘요."

삼촌은 셋째 조카를 데리고 숲으로 갔다. 그들은 숲을 걸어 다녔다. 한 남자가 황소를 몰고 길을 가고 있었다. 바냐가 말했다.

"삼촌, 저는 이 소를 훔칠 거예요."

"어떻게 훔치겠다는 거냐?"

"훔칠 거예요."

그는 길을 따라 앞으로 달려가서 길 위에 장화 한 짝을 벗어 던지고 삼촌과 앞으로 걸어갔다. 노인은 자신의 소와 함께 걸어갔다. 그가 황소를 끌고 가면서 말했다.

"어, 길에 멋있는 장화가 있네. 그런데 한 짝만 있어서 가질 수가 없군." 그는 계속 걸어갔다.

청년은 다시 그의 주위를 걷다가 앞으로 뛰어가서 길에 다른 한 짝을 벗어 두었다. 노인은 황소를 데리고 가다가 말했다.

"장화 한 짝을 주워 오지 않았는데 여기에 다른 한 짝이 있네. 주웠으면 새로운 장화가 생기는 건데. 그 장화 한 짝을 가져와야겠다. 황소는 여기 나무에 매어 두어야지."

그는 황소를 나무에 매고 장화를 가지러 갔다. 장화를 가지러 갔지만 장화가 있던 자리를 알아야지. 그는 장화가 있던 곳을 기억하지 못했다.

그러는 사이 바나는 줄을 풀고 황소를 훔쳤다. 노인은 길을 따라 걸었지만 장화는 없었다. '장화가 어디 있었는지 모르겠군. 그만 가자.' 그는 돌아왔다. '가야 해. 그러지 않으면 황소가 도망갈 거야.' 그는 돌아왔지만 장화도 황소도 없었다.

삼촌은 숨어서 이 모든 것을 지켜보았다. 청년은 황소를 훔쳐서 달아났다. 삼촌은 '집으로 가야겠군' 하고 생각했다.

그는 집으로 가서 형에게 말했다.

"형, 형 아들은 진짜 바보예요. 인간이 되긴 글렀어. 악당이 될 거야. 노인에게서 황소를 훔쳤어."

청년은 삼촌에게 말했다.

"삼촌, 저는 황소를 훔쳤어요. 저 혼자 황소를 훔치고 저 혼자 그 황소를 먹어 치웠어요."

"그 황소를 혼자 먹었다는 말이야? 정말 혼자 전부 다 먹어 치웠어?"

그와 삼촌은 서로 합의를 했고 숲의 막사로 갔다. 그는 불을 피우고 냄비에 황소를 끓이기 시작했다. 삼촌은 지키고 있었다.

"삼촌, 계속 그렇게 기다리세요. 저는 황소를 끓여서 혼자 먹을 테니."

삼촌이 말했다.

"혼자 어떻게 먹어 치운단 말이야?"

청년은 막사로 가서 소리쳤다.

"내가 황소를 훔친 것이 아니라 삼촌이 훔쳤다. 나는 황소를 훔치지 않고 삼촌이 훔쳤다."

삼촌은 막사에서 도망갔고 고기를 먹지 못했다. 그러자 청년은 황소를 끓여서 혼자 먹어 치웠다.

이 남자는 집으로 와서 형에게 말했다.

"형, 일이 그렇게 된 거야. 그 아이는 정말 악당이야. 황소를 훔쳐서 혼자 끓여 먹어 치웠어."

이야기는 이게 전부다.

잠자는 아내

옛날에 신혼부부가 살았다. 아내는 매우 잠이 많았다. 가을이 와서 곡식을 수확했다. 남편이 말했다.

"엘자, 작물을 수확하러 가."

엘자는 수확을 하러 갔다. 가서 수확은 하지 않고 낮잠을 잤다. 낮에 자고 집으로 왔다. 남편이 물었다.

"얼마나 수확했어?"

"내내 수확했어요. 셀 수 없어요."

그랬다. 다음 날 다시 갔다. 그녀는 가서 또 수확은 하지 않고 낮잠만 잤다. 다시 저녁에 집으로 갔다. 남편이 물었다.

"엘자, 얼마나 수확했어?"

"하루 종일 했지만 셀 수 없어요."

셋째 날에 남편은 다시 아내를 수확하러 보냈다. 엘자는 가서 다시 잤다. 잠을 자면서 아무것도 듣지 못했다. 남편은 말했다.

"곡식 단을 모아서 나에게 가지고 와, 이틀 수확했으니."

그가 가 보니 엘자는 자고 있었다. 남편은 가위를 들고 그녀의 머리카락을 잘랐다. 그리고 집으로 갔다.

엘자가 잠이 깨 일어나 보니 머리카락이 잘려 있었다. '내가 엘자야, 아니야? 집으로 갔는데 엘자가 집에 있으면 내가 엘자가 아니야.' 그녀는 집으로 갔다. 집에 와 보니 엘자는 집에 없었다. '그러니까, 내가 엘자군.' 그랬다.

겨울이 왔다. 남편은 순조롭게 일을 하고 숲으로 갔고 그녀는 집에 남았다. 그녀는 아무것도 하려 하지 않았고 내내 잠만 잤다. 그녀는 일하기 싫어했다. 남편은 와서 말했다.

"당신이 뭐라도 하면 좋았을 텐데. 나는 숲에서 와서 혼자 모든 것을 해야 했어. 당신은 물도 가져다주지 않았어."

"알았어요." 아내가 말했다. "내일 제가 갈게요. 당신은 집에 있어요. 집에 일이 많아요."

남편은 집에 남았고 아내는 집을 떠났다. 남편은 반죽을 해서 빵을 굽고 바닥을 닦고 가축을 돌보고 목욕탕에 불을 지폈다. 엘자가 왔다.

"피곤해, 피곤해요." 그녀는 몸이 얼어서 추워했다.

"피곤했구나, 내일 집에 있어. 내가 갈 테니, 당신은 목욕탕을 데우고 길을 치우면 돼."

엘자는 목욕탕을 데웠다. 목욕탕은 너무 멀리 있었다. 목욕탕을 데우고 길에 있는 눈을 치웠다. 남편이 숲에서 왔다.

"목욕탕을 데웠어?"

"데웠어요."

"길을 치웠어?"

"치웠어요."

"그럼 목욕탕에 가자."

그들은 목욕탕에 가서 씻었다. 그러다 남편은 '감기를 내쫓는' 채찍을 들었다. 그리고 엘자를 채찍으로 때렸다.

"일을 해야 해. 빵을 굽고 가축을 돌봐야 해. 목욕탕을 데우고 바닥을 닦고 방적을 해야지 내내 잠을 자서는 안 돼."

바보 사위

옛날에 바보 사위가 있었다. 그는 아내를 멀리서 데려왔다. 하루는 처가댁에 놀러 갔다. 그가 놀러 가자 장모는 귀리 가루로 식사를 준비했다. 장모는 귀리 가루로 음식을 준비하고 사위를 식탁에 앉혔다. 사위는 음식을 먹었지만 먹다가 위에 구멍이 날까 봐 걱정하고 있었다. 장모는 많이 먹으라고 말할 것이다.

그는 먹을 용기가 나지 않아서 집으로 왔다. 아버지가 물었다.

"처갓집에서 대접 잘 받았니?"

"후하게 대접해 주셨어요. 장모님이 달콤한 귀리 가루 요리를 해 주셨지만 먹을 수가 없었어요. 위에 구멍이 생길까 봐서요."

"아이고, 왜 그렇게 어리석어, 먹으면 모든 것이 섞이고 귀리 가루는 다시 부드러워질 텐데."

"다음번에는 먹을게요."

일주일이 지나서 그는 다시 처가댁에 놀러 갔다. 장인과 장모가 그를 맞이했다. 그들은 다시 음식을 대접했고 그때 장모는 키셀을 식탁에 올려놓았다. 그는 조금 먹은 후 키셀이 반으로 줄어든 것을 보고 동요했다. 장모가 보고 말했다.

"사위, 키셀은 뒤적여서 먹는 게 아니야."

그는 식탁에서 일어나 집으로 왔다. 아버지가 물었다.

"어떤 대접을 받았느냐?"

"잘 대접해 주셨어요. 제가 키셀을 섞어 먹는데 장모님이 키셀은 섞어 먹는 것이 아니라고 했어요."

"됐다. 다음번에 가면 그렇게 하지 마."

또 한 주가 지났다. 사위는 다시 놀러 갔다. 가는 길이 멀지만 아침에 일찍 도착했다. 장모는 블린[13]을 구웠다.

"사위, 앉게나. 블린 좀 먹어 봐."

"앉겠습니다. 오다가 배가 고팠어요."

그는 앉아서 블린을 먹었다. 장모는 버섯을 더 주었다. 그는 배불리 맛있게 먹었다.

"장모님, 꽃봉오리와 똑같은 것을 가지고 계시네요."

"사위, 꽃봉오리가 아니라 버섯이야."

"버섯이었군요. 저는 꽃봉오리라고 생각했어요."

맞다. 그는 식사를 마치고 집으로 갔다.

---

13) 블린은 러시아식 팬케이크다. 보통 마슬레니차라는 봄 축제에 먹는 전통 음식으로 러시아에 가장 유명한 음식 중 하나다. 얇게 부쳐서 과일이나 잼, 스메타나라는 유제품을 발라서 먹는다.

"어떤 대접을 받았느냐?"

"대접을 아주 잘 받았어요. 그런데 제가 꽃봉오리라고 생각한 것이 버섯이더라고요."

"됐어. 다음번에 가면 다르게 행동해. 잘 보고 먹고 그런 다음 장모에게 말해." 아버지가 말했다.

그랬다. 다시 놀러 가기로 했다. 그는 토요일 저녁에 도착했다. 장모는 먹을 것을 내오기 전에 목욕탕에 불을 지폈다. 장모가 목욕물을 데웠고 목욕탕이 데워졌다. 사위는 조용히 창문을 보며 말했다.

"장모님, 목욕탕에 불이 나고 있어요."

"불이 난 게 아니라 데워진 거야."

다시 사위는 앉았다.

"장모님, 목욕탕에 불이 나고 있어요."

"불이 난 게 아니라 데워진 거야."

그랬다. 장모는 일을 계속하고 저녁 준비를 했다.

"장모님, 목욕탕에 불이 나고 있어요."

"불이 난 게 아니라 데워진 거야. 가서 장작을 가지고 올게." 장모가 말했다.

장모는 장작을 가지러 갔고 사위는 빵 가장자리를 먹었다. 그는 빵 껍질을 실컷 먹었다. 그때 눈이 매우 세게 휘몰아쳤다. 장모는 현관에서 장작을 들고 서서 말했다.

"눈보라가 제대로 몰아치네."

"몰아쳤어요. 내 빵 껍질을 말이에요."

장모는 눈이 몰아친다고 말했다. 장모가 그에 대해 말하는 것이라고 그는 생각했다.

노인과 도둑들

옛날에 노부부가 살았다. 그들에게는 아이가 없었다. 그들은 늙어 갔고 손자도 없었다. 가난하게 산 부부는 앞으로 어떻게 살아야 할지 몰랐다. 노인은 사냥을 가기로 결정했다. 아마도 뭔가를 얻어 올 것이고 좀 더 수월하게 살 수 있을 것이다.

노인은 숲으로 가서 멧닭을 손에 넣었다. 멧닭을 가지고 집으로 가는데 갑자기 대화를 듣게 되었다. 도둑들이 대화를 나누고 있었다. 그는 겁이 나서 전나무 위로 올라가 앉았다. 도둑들은 이 전나무로 와서 모닥불을 피우고 그 위에 수프를 끓이려고 냄비를 얹었다. 노인은 전나무 위에 앉아서 계속 참았지만 소변이 누고 싶었다. 노인이 소변을 누었는데 소변이 냄비 안으로 곧장 들어갔다. 도둑들은 생각했다. '신이 없다고들 하는데 신이 있어. 신이 우리 냄비를 물로 가득 채우고 있는 것이 보이잖아.'

노인은 전나무 위에 앉아서 도둑들이 하는 것을 지켜보았다. 도둑들이 자루를 풀고 거기서 식탁보를 꺼냈다. 그 위에 주머니에서 꺼낸 5루블과 10루블짜리 지폐가 흩어져 있었다. 그들은 세기 시작했다. 노인은 계속 보다가 멧닭을 떨어뜨렸다. 멧닭은 곧장 이 5루블짜리 위에 떨어졌다. 도둑들은 겁이 났다. 누군가가 눈치챈 것이기 때문이었다. 그들은 벌떡 일어나 도망가기 시작했다.

노인은 내려와서 돈이 있는 식탁보를 거뒀다. 그는 아내에게 왔고 노부부는 잘 살았으며 5루블과 10루블을 셌다.

신은 오리페이에게 식사하러 왔다

옛날에 두 형제가 살았는데, 하나는 부자이고 다른 하나는 가난했다. 부자는 가난한 동생을 좋아하지 않았다. 부자에게는 일꾼들이 있었고 하인들이 모든 것을 마련해 주었다. 그러나 가난한 동생은 자식들이 매우 많았고 모두 교회에 다녔으며 돈과 빵을 구걸했다.

축제가 다가와서 교회에 갔다. 부자 형, 라자르는 성소 맞은편에 무릎을 꿇고 십자가를 긋고 말했다.

"주여, 저는 타인의 것은 아무것도 취하지 않았습니다. 저에게는 제 것만 있고 저는 제 것을 먹고 마시고 가지고 다닙니다. 그렇지만 오리페이는 전부 타인에게 구걸하고 교회에서도 그렇습니다. 아이들은 오두막 가득하고 가난하게 살며 그에게는 아무것도 없습니다. 그는 죄인입니다."

오리페이는 긴 카프탄[14]을 걸친 채 구석에서 무릎을 꿇고 기도를 드리며 자신의 가슴과 이마를 때렸다.

"신이시여, 저는 죄인입니다. 교회에서 모든 자선을 청했습니다. 저에게는 아이들이 많고 땅은 없습니다. 아무래도

14) 소매가 긴 남자 윗옷.

살 수가 없습니다. 저는 그저 죄인입니다. 저는 죄인이에요."

신은 교회에서 누가 무엇에 대해 기도하는지 알고 있다. 그들은 교회에서 나갔고 라자르는 말했다.

"신은 교회 안에 계시고 우리 집에 식사하러 오실 거야, 나는 부자니까."

오리페이는 아무 생각 하지 않고 집으로 갔다. 그러나 신은 오리페이 집으로 식사하러 왔다. 신을 따라 손님들이 많이 왔지만 오리페이는 아무것도 없었다. 빵도 고기 수프도 없었다. 신이 왔다.

"신이시여, 당신은 식사하러 오셨지만 나에게는 아무것도 없습니다."

"그러면 여주인이 돌아보게 하라. 페치카 안에 뭐가 있는지."

여주인인 아내가 페치카를 열었고 거기에는 고기 수프가 잔뜩 들어 있었고 전채 요리도 가득했다. 구석으로 가서 광주리 안을 보니 빵 조각이 있었다. 베이글과 칼릿카, 보리 피로그, 칼라치,[15] 흰 빵이 가득했다. 아내는 식탁을 차렸다.

---

15) 러시아식 베이글빵이다. 이와 유사한 빵으로 부블리크(бублик)가 있다. 이 빵을 가락지빵이라고 한다.

손님들이 식탁에 앉았고 신이 말했다.

“오리페이, 술이라도 조금 대접했으면 한다.”

“신이시여, 저에게는 술이 없습니다. 저는 가난하니까요.”

“우물로 가서 물 한 양동이를 가지고 와라. 반만 푸지 말고 가득 퍼 와서 보거라.”

그는 물 한 양동이를 가지고 와서 한 국자 펐다.

“한 국자가 아니라 한 병을 따라라. 작은 잔을 찾아서 잔으로 대접해라.”

그는 병에 물을 따르고 잔으로 대접했다. 두 잔씩 모두 따라 주었다. 손님들은 취해서 먹고 마시고 고마워하며 떠났다. 모두들 마을을 흔들거리며 다녔다. 라자르는 놀랐다. 오리페이에게는 아무것도 없었는데 취한 사람들이 나왔다. 오리페이는 어디서 술을 가지고 왔지? 그는 오리페이에게로 갔다.

“오리페이 너 어디서 술을 구한 거야? 너에게는 돈도 없고 아무것도 없잖아.”

“아냐, 신이 말했어. ‘우물로 가서 양동이 하나 가득 퍼 와 대접해라, 그러면 모두 취할 것이다.’ 그래서 나는 그렇게 했어. 병에 따라서 손님을 대접했더니 손님들이 취했어.”

이 라자르는 집으로 가서 양동이를 들고 우물로 달려갔

다. 그리고 집으로 물을 가지고 갔다. 그는 병에 따라서 마셨다. 물이었다.

"신은 가난한 사람들을 좋아하는구나, 부자들은 좋아하지 않고." 라자르가 말했다.

사제와 일꾼

전에 사제가 일꾼을 두었다. 그런데 아무리 많은 일꾼을 고용해도 다들 견디지 못하고 떠났다. 어쩔 수 없었다. 일꾼이 또 사제를 떠났다. 사제는 시장에 와서 일꾼을 찾았다. 한 남자가 말했다.

"어르신, 뭘 찾으십니까?"

"일꾼을 찾고 있어요. 일꾼이 필요합니다."

"저를 데리고 가세요."

"갑시다."

남자는 사제에게 일꾼으로 고용되었다. 그들은 사제 집으로 와서 밤을 지냈고 아침에 일하러 가야 했다. 그들은 자리에 앉아 아침 식사를 했다. 사제가 말했다.

"여보, 다시 와서 시간을 낭비하지 않도록 식사를 가지고 와."

아내는 일꾼에게 말했다.

"먹읍시다."

"제 생각에도 먹는 게 좋겠어요."

아내는 점심을 가지고 왔다. 사제가 말했다.

"점심을 한 번에 먹자."

"제 생각에도 먹는 게 좋겠어요."

그들은 점심 식사를 했고 일꾼은 더 이상 먹고 싶지 않았다.

"아마 저녁 식사도 한 번에 해야지?"

"왜 안 되겠어요? 저녁 식사도 한 번에 해요."

아내는 저녁 식사도 가지고 와서 저녁 식사를 했다. 일꾼은 식탁에서 일어나 카프탄을 걸치고 광으로 갔다. 사제가 말했다.

"너는 왜 광으로 가느냐?"

"저녁을 먹었잖아요. 저녁 먹은 후에는 항상 잠자리에 듭니다."

그는 광으로 가서 잠자리에 들었다. 하루 종일 일꾼은 잤다.

아내는 남편을 어떻게 속였는가

옛날에 부부가 교회에서 멀지 않은 곳에 살았고 그들과 가까운 곳에 사제가 살았다. 남편과 아내는 사이가 좋았다. 그러나 아내는 남자 친구를 두었다. 어느 날 저녁 이 애인이 와야 했고 남편은 집에 있었다. 아내는 남편을 속일 방법을 몰랐다. 그녀는 마당에 소와 말, 양을 풀어놓았다. 그리고 마당에 나와 소리쳤다.

"시도르, 시도르, 가축이 거리로 나갔어요(남편의 이름은 시도르였다)."

마당에 겨울이 왔다. 눈이 내린 것이다. 시도르는 칼손,[16] 윗도리, 리넨 옷을 입고 발을 짚신에 쑤셔 넣고 달렸다. 가축을 들여놓는 일은 아내가 도왔다. 그들이 가축을 몰아넣을 때 애인이 오두막으로 들어갔다. 아내는 오두막으로 들어가서 모든 문을 잠갔고 시도르는 창문 밑에 남아 있었다. 시도르가 와서 문을 두드렸다.

"누구세요?" 아내가 물었다.

"네 남편, 시도르야."

---

16) 남성용 긴 속바지.

"저의 시도르는 집에 있어요."

"어떻게 집에 있다는 거야? 나는 여기 있는데."

"내가 물으면 시도르가 답할 거예요. 시도르, 집에 있어?"

애인은 거기서 말했다.

"집에 있어."

"봐 봐, 들었죠. 시도르는 집에 있어요."

시도르는 어떻게 해야 할지 몰라서 달리고 또 달렸다. 발이 시렸고 몸도 추웠다. 거리는 영하의 날씨였다. 그는 사제에게로 달려갔다. 그가 문을 두드리자 사제가 문을 열었다.

"누구세요?"

"시도르입니다."

"시도르, 왜 밤에 거리에 있는 것이냐?"

"아내가 집 안으로 들여보내 주지 않습니다. 집에 들어갈 수 있도록 도와주세요."

사제는 시도르와 함께 가서 그를 들여보내 달라고 집 안에 요청했다. 아내가 말했다.

"안 됩니다. 나리, 시도르는 저희 집에 있어요. 여기 침대에 누워 있어요. 보세요. 믿지 못하시는군요. 시도르가 말을 할 거예요. 시도르, 집에 있지?"

애인이 말했다.

"집에 있어."

"들었죠?"

"들었습니다. 이 사람은 시도르가 아니군." 그가 보고 말했다. "머리카락이 길지, 악마가 틀림없어(전에 악마는 긴 머리를 하고 다녔다)."

사제는 시도르의 어깨를 흔들어서 떨어냈다(그 사람은 어깨 위에 있었다. 발이 얼었기 때문이다). 그리고 집으로 달려갔다.

시도르는 밤에 어디로 가야 할지 몰랐다. 생각하다 보니 얼어 죽을 정도로 추웠다. 사제 집에는 황소가 한 마리 있었다. 헛간이 있었는데 거기에 황소가 있었다. 헛간은 따뜻했고 밖에서 문이 잠겨 있었으며 문은 밧줄로 매어져 있었다. 그는 거기로, 황소에게로 가서 황소 근처 구유 안에서 잠을 잤다. 헛간 안은 따뜻해서 잠이 왔다. 아침에 일어나서 집으로 갔다.

아내가 말했다.

"시도르, 당신 어디 있었어?"

"당신이 저녁에 집 안으로 들여보내 주지 않았잖아."

"들여보내지 않았다니? 당신은 나와 함께 자고 오늘 아침에 어딘가로 갔잖아." 그래, 좋아 아내에게 진실은 없다. 아내는 이렇게 잔머리를 잘 굴리고 교활한 여자다.

"당신은 어디서 잔 거야?"

“사제의 헛간에서 황소와 함께 잤어.”

“어머, 시도르, 황소와 잠을 자서 임신했구나.”

“정말 내가 임신했어?”

“임신했어. 임신했다고.”

“이제 어떻게 해?”

“이제 어떻게 하다니? 나쁜 소문이 날 거야. 어딘가 멀리 가서 아이를 낳아야 해.”

아내가 마른 빵을 시도르에게 모아 주는 데 많은 시간이 흘렀다. 시도르는 자루를 등에 지고 아이를 낳으러 떠났다.

하루가 지나고 또 하루가 지났으며 두 주를 걸어갔다. 이전에는 그런 거대한 잡목 숲에 자동차가 다니지 못했다. 그는 여러 날을 걸어갔고 3주 정도 걷자 얼마나 걸었는지 모르게 되었다. 잡목 숲 한 곳에서 길 위에 남자가 죽어 있는 것을 보았다. 남자의 발에는 좋은 펠트 장화가 신겨져 있었다. 그는 남자의 다리를 자르고 자루에 넣었다. 그리고 말했다. ‘밤을 보내러 가는 곳에서 장화를 페치카 위에 두자. 이 다리가 녹으면 다리는 버리고 장화만 남게 되는 거야.’

그는 한 집에 하룻밤 묵어갈 것을 청했다. 주인은 시도르에게 먹고 마실 것을 주고 페치카 위에서 자게 했다. 시도르는 이 장화가 신겨 있는 발을 페치카 위에서 녹였고 자신은 여행의 피로로 인해 잠이 들었다.

그날 밤 여주인의 소가 송아지를 낳았다. 거리는 추웠고 강한 눈보라가 쳐서 송아지가 얼었다. 그들은 송아지를 가지고 와서 페치카 위에 놓았다(그들은 페치카 위에 유숙객이 있다는 것을 잊었다). 시도르는 자고 있었다.

밤에 시도르가 깨어나 보니 송아지가 그를 핥고 있었다. 이건 뭐지? 시도르는 송아지가 젖어 있다는 것을 느꼈다. '정말 내가 송아지를 낳은 건가? 황소와 잤다고. 아마도 내가 낳은 것 같군. 밤에 이곳을 떠나야겠다. 그러지 않으면 나에게 송아지를 데리고 가라고 할 거야. 어떻게 해야 할지 모르겠군.' 시도르는 조용히 옷을 입고 떠났다. 발이 들어 있는 장화는 페치카 위에 두고 잊어버렸다.

아침에 주인과 여주인은 일어나서 송아지를 보고 발이 들어 있는 장화를 보았다.

"이봐요, 이게 무슨 일인지. 유숙객이 페치카 위에 있었는데 유숙객은 없고 장화와 발만 남았네요. 아마도 송아지가 먹었나 봐요."

그들은 이 송아지를 잡아 죽이고 산 밑에 던졌다.

시도르는 기분 좋게 집으로 갔다. 걷다가 마지막 날 저녁에는 서둘렀다. 밤에 집에 도착하게 될 것이다. 한 군인이 반대편에서 걸어왔다. 군인은 그들의 마을에 있었는데 온 마을을 돌아다니며 하룻밤 재워 달라 청했다. 그들 집에 가서도 하룻밤을 청했는데 문 뒤에서 소리가 들렸다. 여주인이 밤에 들여보내 주지 않고 거기서 애인과 대화를 나누고 있었다. 그는 그녀가 애인과 무슨 대화를 나누는지 들었다. '네가 오면 구이 요리를 해서 페치카 안에 둘 거야'라고 그녀가 말했다. '조만간 시도르가 올 텐데, 나는 어디로 가야 해?', '지하실로 가. 우리는 잠자러 갈 테니. 시도르가 잠이 들면 떠나면 돼. 아마 오늘 저녁에는 안 올 거야.'

시도르는 이 군인과 마주쳤다.

"군인 양반, 당신은 왜 밤에 마을에서 걸어 나오는 거요?"

"아저씨, 아무도 하룻밤을 재워 주지 않아요."

"그만 걷고 돌아가십시다. 우리 집에서 재워 드리리다."

군인은 도중에 기러기를 잡았는데 새는 옷자락 밑에 두었다. 그들은 돌아갔고 시도르 집에 도착했다. 시도르의 아내는 그가 돌아온 것이 기쁜 듯 맞이했다. 그들은 식사를 하려고 앉았다.

"시도르, 아무것도 없어, 끓여 놓은 것이 아무것도 없네. 페치카에도 아무것도 없고 하지만 난 너무 기뻐."

그들은 저녁 식사를 시작했다. 이 군인은 기러기를 꺼내서 매우 아프게 날개를 잡고 뜯었다(날개는 매우 아프다). 새는 '아, 아,' 하고 소리쳤다. 시도르가 말했다.

"새에게 무슨 일이죠?"

"이 새는 말을 할 수 있어요. 저는 새의 말을 알아들어요. 이 새는 예언을 하는 새예요."

"새가 뭐라 말했습니까?"

"구운 것이 페치카 안에 있다고 했어요."

"무슨 말을 하는 거예요?" 아내가 말했다. "우리 집에는 구운 것을 페치카 안에 두지 않는단 말이에요."

"안 돼요? 그럼 봅시다."

시도르가 가서 페치카 문을 열었다. 페치카 안에 구운 것이 있었다. 그는 구운 것을 페치카 안에서 가지고 왔다. 군인은 다시 새의 날개를 잡아당겼다. 새는 다시 찍찍 울었다.

"이 예언의 새가 다시 무슨 말을 하고 있습니까?"

"말했지만 당신은 믿지 못할 거야. 믿지 못할 거야."

"믿지 못해요. 그렇지만 새는 진실을 말하겠죠?"

"새가 말했어요. 페치카의 오븐 뒤에 반 리터 술 한 병이 있다고요."

다시 오븐을 열었더니 술병이 있어서 식탁에 가지고 왔다.

군인과 시도르는 이 술을 마셨다. 군인은 취했다. 그렇게 더욱더 세게 새의 옆구리를 꼬집었다. 새는 다시 울었다.

"새가 지금 뭐라고 하는 거야?"

"지금 말하는데 말을 해야 할지 모르겠어요."

"말해 봐. 말을 할 수 없으니 새가 암시를 주고 있는 거잖아."

"새가 말하길 지하실에 악마가 있다는군요."

"정말?"

"네, 명령만 하시면 제가 쫓아내겠습니다."

"쫓아내."

"이 악마를 영원히 몰아내겠소."

지하실 문을 열었다. 아내는 말했다.

"저 혼자 살았는데 그 어떤 악마도 보지 못했어요."

군인은 부지깽이를 들고 시도르와 함께 지하실로 갔다. 지하실에는 아내의 애인이 있었다. 그는 한 번, 두 번 얻어맞더니 지하실에서 튀어나와 거리로 나갔다. 남자가 말했다.

"저게 악마였군."

그렇게 군인은 이 '악마'에게 교훈을 주고 영원히 내쫓았다.

군인은 아침까지 잤다. 남자는 이 새를 사려고 했다. 근데, 군인은 그에게 새를 팔고는 아까워했다.

"이 새는 영원히 당신을 도울 겁니다."

군인은 돈과 여행길에 먹을 식량이 필요했다. 시도르는 돈을 주고 빵도 주고 좋은 벙어리장갑도 손에 끼워 주었다.

군인은 떠났고 남자는 그에게 감사 인사를 했다. 아내의 애인은 더 이상 오지 않았다.

해 설

벱시족(Veps, 또는Vepsians)은 러시아 북서쪽 카렐리야, 볼로곳스카야, 레닌그라드 주에 산다. 2006년 4월에 북부, 시베리아와 극동 소수민족 목록에 포함되었다. 언어는 벱시어와 러시아어를 주로 사용한다. 벱시어는 우랄어계의 핀우그르(핀우그리아)어족에 속한다.

벱시족은 러시아 연대기에도 자주 언급되었는데 당시, 즉 러시아가 키예프 루시 시대였던 고대 기록에는 '베시'인으로 되어 있으며 이들을 지칭하는 또 다른 명칭은 '추디'다. 벱시족에 대한 가장 초기의 기록은 6세기 것이며 아랍 역사에서는 '비수'라고 언급되어 있다. '벱시'라고 불리게 된 것은 20세기 들어서다. 현재 학자들은 벱시족의 기원에 대해 정확하게 규명하지 못하고 있다. 벱시의 기원이 다른 프리바이칼 핀 민족의 형성과 연관된다는 가설이 있다. 사암인(노르웨이, 스웨덴, 핀란드 북부에 위치), 벱시인, 카렐인은 고대부터 문화와 지역을 공유해 왔던 것으로 알려져 있다.

벱시족에 대한 가장 초기의 기록은 6세기 것이며 아랍 역사에서는 '비수'라고 언급되어 있다.

벱시족은 세 그룹으로 나뉘는데 북벱시는 오네가 호수 남서 기슭에 살며 남쪽에는 카렐리야가 있다. 중앙 벱시는 오야티강의 상류에 거주하며 캅샤와 파샤 강의 지류 지역에 거주한다. 남벱시족은 레닌그라드 주의 동쪽과 볼로곳스카야 주의 북서쪽에 거주하고 있다.

전통적으로 농업에 종사했고 목축업과 사냥은 부업으로 삼았다. 어로와 버섯 · 과실 채취는 가족 내에서 중요한 일 중의 하나였다. 18세기 후반부터 벌이를 위해 농민들이 일시 농촌을 떠나는 일이 빈번해졌으며 주로 스비르, 네바 등과 같은 강에서 목재 조달이나 목재 유벌, 배끌이와 같은 일을 했다. 오야티강에서는 도업(陶業)이 발전했다. 구소련 시절에 북부에 거주하는 벱시족 사이에서는 장식건축석 가공이 발전했으며 목축업도 성행했다. 대부분의 벱시족은 임업에 종사했으며 49.3%가 도시에 살고 있다.

전통 가옥과 물질문화는 러시아 북부 지방과 유사하다. 차이점은 집구조가 T 자형이라는 것이다.

전통 음식은 신맛이 나는 빵, 생선이 들어간 만두, 닭고기 만두, '칼릿키'라는 전통 빵이 있으며 음료는 맥주와 호밀로 만든 크바스가 있다. 1917년까지 고대부터 이어져 오던 마을 공동체와 대가족제가 유지되었다.

가족의 전통 의례로는 밤에 구혼하는 풍습이 있고 결혼식 음식으로 생선이 들어간 만두를 먹는다. 장례식은 두 가지 형태가 있는데 곡을 하는 경우와 고인을 즐겁게 보내는 형태가 있다. 11~12세기에 벱시족에게 그리스정교가 전파되었지만 그 전에는 민간신앙을 믿었고 샤먼과 같은 주술사들이 있었다.

벱시족 설화의 특징

벱시족은 현 러시아 영토의 북서쪽에 살던 토착민이다. 지정학적 위치 때문에 여러 면에서 카렐인과 러시아인의 영향을 받았다. 그리고 러시아의 고대 기록에 따르면 이미 벱시족은 15세기 고대 키예프 루시 내로 편입되었다. 또한 역사적으로 또는 지정학적으로 핀위구르 계열의 민족과 동슬라브민족의 민속이 서로 영향을 주고받았음이 여러 문헌은 물론이고 설화를 통해서도 드러나고 있다.

설화의 특징이 구전이기 때문에 세월이 흐르면서 여러 변이형이 나오고 그 지역에 다른 지배적인 문화가 유입되면 강한 영향을 받을 수밖에 없다. 그 때문에 원형을 알 수 없게 되는 경우가 많다. 벱시족 설화에는 특히 러시아 영향이 강하게 나타난다. 러시아는 물론이고 유럽 지역의 설화와 유사한 설화들이 나타나며 러시아 설화에 등장하는 인물들이 자연스럽게 등장한다. 벱시족의 설화를 채록한 시기는 1937년이며 블라시예프(Г. Е. Власьев)와 카르포프(П. Карпов)가 채록자다. 이 이후에도 여러 사람들이 벱시족이 살던 지역에서 이들의 설화를 채록해서 모음집으로 발간했다. 이런 노력들이 사라지고 있는 벱시인의 언어와 문화를 보존하는 데 기여했다.

주변의 유럽지역과 러시아 설화와 유사한 벱시 설화를 살펴보면, <곰과 마샤>는 한국어로도 더빙되어 방영되는 어린이 애니메이션 <마샤와 곰>의 근간이 되는 러시아 설화이며 <재투성이 아가씨>는 전 세계 광포설화인 <신데렐라>와 같은 이야기 구조를 지녔다. <황금 소년>은 러시아 민담을 근간으로 푸시킨이 각색한 작품으로도 유명하고 림스키 코르사코프가 오페라로 만들어서 더욱 유명한 <살탄왕>과 유사하다. 그뿐만 아니라 벱시인의 설화에는 마귀할멈인 바바 야가, 이반 왕자, 물의 정령 보댜노이 등과 같은 러시아 설화 등장인물들이 나타난다. 벱시족의 설화는 다른 북아시아 설화가 그 민족의 특성을 강하게 드러내는 것과는 달리 러시아 설화와 유사해 보이지만 러시아의 설화와 유사한 설화를 비교해서 보면 벱시족만의 특성이 나타나기도 한다.

옮긴이에 대해

박미령은 현재 한국외국어대학교에서 '그림책' 관련 프로젝트를 수행하고 있으며 역서로는 공동으로 번역·출간한 ≪러시아 여성의 눈≫, ≪러시아 추리 작가 10인 단편선≫이 있다. 논문으로는 <지배 이데올로기와 영웅서사시 브일리나>, <Comparative Analysis of Korean Folktale *The wonderful Serpent Bridegroom* and Russian *The Feather of Finist the Falcon of the Type Cupid and Psyche*>, <소비에트 제국 이데올로기의 토착화를 위한 아동문학의 역할 : 20~30년대 그림책과 포토몽타주를 중심으로> 등이 있다.

벱시인 이야기

작자 미상
옮긴이 박미령
펴낸이 박영률

초판 1쇄 펴낸날 2019년 8월 25일

지식을만드는지식
02880 서울시 성북구 성북로 5-11 (성북동1가 35-38)
전화 (02) 7474 001, 팩스 (02) 736 5047
출판등록 2007년 8월 17일 제313-2007-000166호
전자우편 zmanz@commbooks.com
홈페이지 www.commbooks.com

ZMANZ
5-11, Seongbuk-ro, Seongbuk-gu, Seoul, 02880, KOREA
phone 82 2 7474 001, fax 82 2 736 5047
e-mail zmanz@commbooks.com
homepage www.commbooks.com

ISBN 979-11-288-5156-8
979-11-288-5157-5(큰글씨책)
979-11-288-5158-2(PDF 전자책)
책값은 뒤표지에 있습니다.